PHOTOS LOÏC LAGARDE
TEXTES LAURENT VAULTIER

LA FRANCE DANS LE RÉTRO

MICHELIN ÉDITIONS

AVANT-PROPOS

La France dans le rétro est une œuvre originale où le regard de Loïc Lagarde rencontre la plume de Laurent Vaultier. Ce livre est le fruit de nombreuses heures passées sur les routes au volant de voitures vintage, à capturer la beauté intemporelle de notre pays et à tisser des récits inspirés par des lieux empreints d'histoire et de charme.
Loïc Lagarde, photographe talentueux, a immortalisé ces instants où la lumière danse sur les façades et où chaque paysage devient une toile vivante. Ses clichés vous plongent dans une ambiance poétique, rendant hommage à une époque révolue mais toujours perceptible.
Laurent Vaultier, auteur passionné et fin connaisseur de la France, a donné vie à ces images à travers des textes évocateurs et empreints d'émotion. Ses mots vous guideront le long d'itinéraires soigneusement choisis et tracés sur les fonds des cartes Michelin.
La France dans le rétro est bien plus qu'un livre de photos, c'est un voyage délicieusement nostalgique, de la Provence aux côtes bretonnes, des châteaux de la Loire aux méandres de la Meuse. Cet ouvrage vous révèle un monde où le temps semble suspendu, où chaque virage est la promesse d'une aventure unique. Une invitation à prendre la route pour voir la France d'un autre œil.

Nous vous souhaitons bon voyage.

EN ROUTE !

MICHELIN
l'invention de la route

Quand ils fondent, en 1889 à Clermont-Ferrand, la Manufacture de Caoutchouc Michelin et Cie, André et Édouard Michelin n'imaginent pas qu'ils vont révolutionner l'art du voyage. Et pourtant, les deux frères se révèlent non seulement des inventeurs de talent, mais aussi des génies de la communication et du service rendu aux clients, par quoi ils vont s'imposer comme des pionniers de « l'automobilisme » naissant.

L'homme qui ne prépare pas ses voyages...
L'homme qui prépare ses voyages lui-même...
Pour
vos voyages d'affaires,
vos promenades, vos vacances,
LE
BUREAU D'ITINÉRAIRES
MICHELIN
vous indiquera GRATUITEMENT
la meilleure route
ADRESSEZ-VOUS ICI
L'homme qui sait qu'il suffit d'un mot...
...au Bureau d'itinéraires Michelin

Tout commence sur les chapeaux de roue : en 1891, la petite manufacture dépose le brevet du pneu démontable pour bicyclette ; en 1895, elle met au point le premier pneumatique pour automobile. L'heure est à la révolution des transports, et les frères Michelin entendent y prendre leur part. Leurs inventions représentent un progrès capital à l'heure où les routes sont encore peu praticables. À l'aube du XXe siècle, le pays compte moins de 3 000 véhicules, et les premiers conducteurs sont de véritables aventuriers ! C'est pourquoi les deux frères ont très vite l'idée de créer un petit guide gratuit qui « renferme tous les renseignements utiles aux touristes, chauffeurs, vélocipédistes voyageant en France » : le premier « Guide Michelin » naît en 1900. Il compile conseils techniques, plans des grandes villes, adresses de mécaniciens, de dépôts d'essence, d'hôtels pour faire étape… et aussi, à partir de 1902, monuments et curiosités incontournables. Car l'automobile, qui offre la possibilité de se déplacer en toute liberté sur de longues distances, s'impose comme un outil de découverte inédit.

Aussi les frères Michelin ne s'arrêtent-ils pas en si bon chemin : en 1908, ils créent le Bureau du Tourisme, rebaptisé Bureau d'Itinéraires en 1923. Sur simple demande écrite, ce service fournit aux conducteurs le meilleur itinéraire pour atteindre leur destination, avec les localités et les points d'intérêt visibles sur la route. Un GPS avant l'heure !

En outre, la compagnie publie, en 1910, la toute première carte routière, pliée en accordéon pour en faciliter la consultation. Un outil précieux pour se repérer sur des routes où tout reste à inventer, à commencer par la signalisation. Ainsi, au lendemain de la Première Guerre mondiale, la Manufacture se lance dans une entreprise pharaonique en installant ses premières « plaques Michelin » : des panneaux et poteaux indicateurs, doublés de

bornes kilométriques, qui quadrillent bientôt tout le territoire. Rien n'arrête Michelin, qui façonne la France automobile !

En 1926, alors que le pays est proche de dépasser le million de véhicules, l'entreprise franchit un cap supplémentaire en créant son premier guide touristique, dédié à la Bretagne, prélude à la collection des Guides Verts. En parallèle, le Guide Michelin, qui se distingue par sa couverture rouge, se spécialise dans la recommandation des meilleurs hôtels et restaurants. La célèbre « étoile de bonne table », dûment décernée par des inspecteurs anonymes, naît la même année. Tout est dès lors en place pour que Bibendum, la fameuse mascotte de l'entreprise, devienne le meilleur compagnon de route de tous les automobilistes de France et d'ailleurs...

LA FRANCE SEPTENTRIONALE

⊖ Sur les routes d'Alsace.

01

Sur la route des vacances

Départ
Paris (porte d'Italie)

Arrivée
Menton

Distance
1 060 km

Territoire
La France du nord au sud-est

LA NATIONALE 7

Préparez votre maillot et votre serviette de plage, la plus mythique des routes des vacances s'ouvre à vous ! L'essor des congés payés a fait sa célébrité, Charles Trenet l'a hissée au rang de slogan – « On est heureux Nationale 7 » –, et pour des millions d'estivants, elle reste synonyme de soleil et de liberté ; en un mot, de Méditerranée. De la porte d'Italie, à Paris, aux portes de l'Italie, à Menton, sur un peu plus de mille kilomètres, chaque étape de la N7 est un voyage vers les vacances !

← Menton, tout au bout de la Nationale 7.

PARIS
Fontainebleau
Briare
Nevers
Magny-Cours
Roanne
Lyon
Vienne
0
50 km
PONTOISE
NANTERRE
BOBIGNY
CRÉTEIL
ÉVRY
Meaux
Château-Thierry
Épernay
CHÂLONS-EN-CHAMPAGNE
Ste-Menehould
Vitry-le-François
St-Dizier
Provins
Nogent-s-Seine
TROYES
Sens
Étampes
Pithiviers
Châteaudun
ORLÉANS
Montargis
AUXERRE
Langres
Montbard
Avallon
Clamecy
DIJON
Romorantin-Lanthenay
Vierzon
BOURGES
Cosne-Cours-s-Loire
Château-Chinon
Beaune
Autun
Issoudun
CHÂTEAUROUX
St-Amand-Montrond
MOULINS
Chalon-s-Saône
Louhans
La Châtre
Montluçon
Vichy
Charolles
MÂCON
BOURG-EN-BRESSE
GUÉRET
Aubusson
Riom
CLERMONT-FERRAND
Thiers
Villefranche-s-Saône
LIMOGES
Ussel
Issoire
Montbrison
Ambert
ST-ÉTIENNE

Lyon
Vienne
Valence
Montélimar
Orange
Avignon
Aix-en-Provence
Saint-Maximin-la-Sainte-Baume
Saint-Raphaël
Cannes
Nice
Èze
Menton
LONS-LE-SAUNIER
LAUSANNE
Thonon-les-B.
GENÈVE
St-Julien-en-G.
MÂCON
BOURG-EN-BRESSE
Villefranche-s-Saône
Nantua
St-Claude
Gex
ANNECY
Bonneville
Chamonix-Mont-Blanc
SION
AOSTA/AOSTE
BIELLA
Belley
La Tour-du-Pin
CHAMBÉRY
Albertville
GRENOBLE
St-Jean-de-Maurienne
TORINO
Tournon-s-Rhône
Yssingeaux
Briançon
PRIVAS
Die
GAP
Barcelonnette
CUNEO
Nyons
Carpentras
Sisteron
DIGNE-LES-BAINS
Forcalquier
Castellane
NÎMES
Apt
Arles
Istres
Grasse
Draguignan
Brignoles
MARSEILLE
TOULON
St-Tropez
Monaco / Monte-Carlo
Charolles
Louhans-Châteaurenaud

↑ Paris du haut de la Butte Montmartre.

→ Nevers au-dessus de la Loire.

Vite, vite ! en espérant échapper aux bouchons, on quitte prestement l'Île-de-France, boussole plein sud. Quelque 50 km plus loin, c'est fait : on aborde la forêt de Fontainebleau, la grisaille de la ville est derrière nous, et la nature… toute à nous. Une heure de route supplémentaire, et un autre cap est franchi quand on atteint la Loire : on ne reverra pas la Seine de sitôt ! Un coup d'œil

C'est parti pour la plus mythique des routes de vacances !

⊕ Château de Fontainebleau.

⊕ À Magny-Cours, sous le signe de l'automobile.

au fameux pont-canal de Briare, et l'on reprend la direction du soleil en longeant la Loire. Celle-ci nous accompagne jusqu'à Nevers, où ses rives sableuses, offrant un joli panorama sur la cité historique, préfigurent de manière originale les plages du Sud. Revenir en arrière ? Never ! En revanche, quelques kilomètres plus loin, une petite pause s'impose avec le mythique circuit de course de Magny-Cours.

On quitte Paris pour Fontainebleau, son château et sa forêt.

De la Loire au Rhône

Serait-il temps de penser au repas ? On atteint bientôt Roanne, où une table célébrissime pourrait bien nous faire faire des folies : le restaurant Troisgros est classé trois étoiles au guide Michelin depuis 1968. L'adresse reste une icône parmi les grandes étapes gastronomiques qui ont toujours ponctué la route. La Nationale 7 est aussi une piste aux étoiles ! Ce n'est pas Lyon, que l'on aborde ensuite, qui le démentira : la fière cité de Paul Bocuse – et de tant de grands chefs – se revendique « capitale mondiale de la gastronomie ». Avec leurs saucisson brioché, quenelle et tarte aux pralines, les fameux « bouchons lyonnais » invitent à faire bombance.

La Route Bleue, échappée bucolique, quittait la Nationale 7 avant Lyon pour la rattraper à Valence.

⊙ Sur la route, ancienne publicité pour un célèbre apéritif.

⊙ La nostalgie des quincailleries de nos grands-parents.

↑ À Lyon, le Rhône file vers le Sud.

→ Pause déjeuner à Montélimar.

Du Rhône à la Méditerranée

À Lyon bien sûr on croise le Rhône : l'impatience grandit, le fleuve nous relie symboliquement à la Méditerranée. La route est toute tracée ! Vienne, Valence, Montélimar, Orange, Avignon : les cités mythiques se succèdent, dont le riche patrimoine rappelle à quel point le couloir rhodanien constitue la colonne

LA PETITE SOUPAPE
ENTRÉE
REFUGE SLOW FOOD
BRUNCH
EURO

C'est toujours à Valence que le ciel se déchire. Et Avignon resplendit sous le soleil. Si on restait là ?

BS 205 OS

vertébrale, à la fois économique et artistique, de la France du Sud depuis l'époque romaine. Dans les fabuleux théâtres antiques de Vienne et d'Orange, ou dans le Palais des Papes d'Avignon, l'Italie paraît déjà toute proche ! Le paysage aussi a complètement changé : nous voilà au royaume de la garrigue, de l'olivier, des cigales et... des grands ciels bleus balayés par le mistral. À Avignon, la nationale bifurque vers l'est : on s'enfonce avec délice dans ce pays méditerranéen, entre villages de carte postale et cités d'anthologie, telles Aix-en-Provence. Et si on restait là ? Mais Saint-Raphaël approche, où l'on pourra enfin rencontrer... la Grande Bleue !

↑ La fontaine de la place d'Albertas à Aix-en-Provence.

← Dans les rues de Saint-Maximin-la-Sainte-Baume à l'heure de la sieste.

← Double page précédente Avignon où le pont allume encore dans les esprits une petite mélodie.

Au fil de la Côte d'Azur

⊕ L'Estérel, paysage en rouge, vert, bleu.

⊖ La cathédrale Saint-Nicolas à Nice, un petit air de Russie orthodoxe sur la Côte d'Azur.

Pour ses cent derniers kilomètres, la Nationale 7 sort le grand jeu : on sinue au milieu des roches rouges de l'Estérel, puis l'on aborde le décor grandiose de la Côte d'Azur, la baie de Cannes scintillant sous le soleil, les remparts d'Antibes tutoyant la mer, les façades du Vieux Nice blotties au creux de la bien nommée baie des Anges... Ensuite encore ce seront les corniches vertigineuses de la Riviera, leurs criques aux flots translucides cachées entre les rochers, le vertige des villages perchés – tel Èze – ou des mégapoles inattendues – tel Monaco –, et enfin Menton aux façades acidulées comme des citrons. L'Italie est à deux pas !

Depuis qu'ils ont fait l'autoroute, on ne traverse plus le Bonheur.

LES TEMPS FORTS DE LA ROUTE

- CONSACRER UNE JOURNÉE À LYON, LA PORTE DU MIDI, ENTRE TRABOULES, BOUCHONS ET VESTIGES ANTIQUES.
- FINIR EN BEAUTÉ : ENTRE NICE ET MENTON, LA N7 EMPRUNTE LA MYTHIQUE CORNICHE OÙ SE PERCHE LE VILLAGE D'ÈZE.
- DANSER SUR LE PONT D'AVIGNON, DANS LA VILLE DES PAPES ET DU THÉÂTRE.
- SE BAIGNER DANS LA MÉDITERRANÉE À SAINT-RAPHAËL, PREMIÈRE STATION BALNÉAIRE SUR LA ROUTE.

Menton, aux façades acidulées comme des citrons. L'Italie est à deux pas !

02

Parcours impressionniste

Départ
Paris

Arrivée
Le Havre

Distance
277 km

Territoire
Normandie

LES BOUCLES DE LA SEINE

Au plus près de Paris, pour mesurer la magnificence des boucles de la Seine, il faut grimper sur la route des Crêtes qui surplombe le joli château de La Roche-Guyon, à la croisée de l'Île-de-France et de la Normandie : de là se déploie le spectacle grandiose du fleuve serpentant dans un véritable océan de verdure... À mesure que l'on progresse vers la mer, la Seine se fait toujours plus langoureuse et bucolique ; au-delà de Rouen, ses rives sont même protégées par le parc naturel régional des Boucles de la Seine normande. Villages pittoresques, châteaux, abbayes, etc., rehaussent ce corridor naturel qui est aussi l'un des principaux poumons économiques du pays, au débouché du port du Havre.

← L'étang du jardin de Claude Monet, à Giverny.

Étretat
Falaise d'Aval
Cap d'Antifer
Côte d'Albâtre
Octeville-s-Mer
Le Havre
Ste-Adresse
LE HAVRE
Harfleur
Gonfreville-l'Orcher
Pont de Normandie
Honfleur
Côte de Grâce
Villerville
Trouville-s-Mer
Deauville
Goderville
Bolbec
St-Romain-de-Colbosc
Lillebonne
Villequier
Caudebec-en-Caux
Yvetot
Doudeville
Barentin
Rouen
Duclair
Pont de Brotonne
Pont de Tancarville
PARC NATUREL RÉGIONAL DES BOUCLES DE LA SEINE
Abbaye de Jumièges
Jumièges
St-Martin-de-Boscherville
Canteleu
Pont-Audemer
Bourg-Achard
Beuzeville
Pont-l'Évêque
Cormeilles
Lisieux
Grand Bourgtheroulde
Elbeuf
Brionne
Harcourt
Le Neubourg
Bernay
Beaumont-le-Roger
EURE
Évreux
Conches-en-Ouche
Livarot-Pays-d'Auge
Vimoutiers
Orbec
Broglie
Beaumesnil
Breteuil
Gacé
L'Aigle
Verneuil-s-Avre
Le Bourg-St-Léonard
Haras national du Pin
20 km

Château Gaillard
Vernon
Giverny
Vétheuil
Le Port-Marly
Chatou
PARIS
BEAUVAIS
PONTOISE
Gisors
Gournay-en-Bray
Les Andelys
Mantes-la-Jolie
Neufchâtel-en-Bray
Grandvilliers
Clermont
Chaumont-en-Vexin
Étrépagny
Lyons-la-Forêt
Gerberoy
NANTERRE
VERSAILLES
Dreux
Houdan
Pacy-s-Eure
Gaillon
Forêt de Lyons
Parc Naturel Régional du Vexin Français
Y V E L I N E S
Montfort l'Amaury
Chevreuse
St-Denis
Méru
Anet

Pour longer le fleuve, l'idéal est de suivre les traces des peintres impressionnistes : ce sont les premiers à avoir popularisé ses rives bucoliques aux portes de la capitale. Nous sommes dans les années 1860, la révolution industrielle bat son plein, tout se mécanise, s'accélère… et le goût pour une nature préservée s'impose. En fin de semaine, les Parisiens soucieux de prendre la clé des champs rejoignent Chatou ; Gustave Caillebotte, Edgar Degas et Auguste Renoir font partie du voyage : ils surnomment Chatou l'« île des Impressionnistes » et peignent ses paysages, notamment Renoir un très fameux *Déjeuner des canotiers* réalisé à la Maison Fournaise, une guinguette qui existe toujours.

↑ La Maison Fournaise, à Chatou.

← L'arrivée à Giverny.

L'idéal est de suivre les traces des peintres.

En aval, au-delà de Mantes-la-Jolie, domine le souvenir d'un autre géant : Claude Monet. Le peintre a vécu dans le village de Vétheuil – dont il a capturé dans ses toiles les reflets sur la Seine de la charmante église – avant de s'installer à Giverny, où il crée son domaine, aujourd'hui mondialement célèbre, avec son jardin digne d'un tableau. En poursuivant le long du fleuve, on croisera encore la route de Monet à Rouen, dont il a immortalisé la fastueuse cathédrale aux différentes heures du jour – l'une de ses séries les plus fameuses.

Au-delà de Mantes-la-Jolie on croise le souvenir de Claude Monet.

⊕ Sur la route de Vétheuil.

⊕ Débauche de fleurs dans le jardin de Claude Monet à Giverny.

⊕ Double page suivante
On ne se lasse pas du jardin d'eau de Monet, source de sa série des « Nymphéas ».

Sur les traces des Normands

Sous le décor aujourd'hui riant de la campagne séquanienne se sont aussi joués des drames : en particulier les nombreux raids menés au VIIIe siècle par les Vikings, profitant du cours de la Seine pour s'enfoncer dans le royaume franc à bord de leurs drakkars. En 911, en échange de la paix, ils arrachent à Charles III un morceau de territoire : la Normandie (la terre des « hommes du Nord »). Les pilleurs d'abbayes se révèlent rapidement de zélés constructeurs : on leur doit de grands chefs-d'œuvre du style roman, dont l'envoûtante abbaye de Jumièges, aujourd'hui une ruine ultra-romantique. En amont, aux Andelys, Château Gaillard rappelle la fin de l'épopée viking : voulu par Richard Cœur de Lion, duc de Normandie et roi d'Angleterre, l'impressionnant nid d'aigle dominant la Seine, réputé inviolable, est pourtant pris par les Français en 1204. La Normandie est rattachée à la France... et devient l'une de ses régions iconiques.

↑ Château Gaillard, nid d'aigle réputé inviolable. Et pourtant. . .

← Les ruines romantiques de l'abbaye de Jumièges.

↑ Le Vieux-Moulin de Vernon, sur le pont qui enjambait autrefois la Seine.

↑ La traversée de Villequier, où plane le souvenir de Léopoldine Hugo.

Ville ou campagne ?

Maisonnettes à colombages et grasses prairies plantées de pommiers : les bords de Seine figurent toujours une Normandie éternelle, à l'image du Vieux-Moulin de Vernon, croquignolette bâtisse à pans de bois plantée dans les eaux du fleuve. Des eaux parfois mortelles… dans lesquelles Victor Hugo perdit sa fille Léopoldine, à Villequier.

Mais la région a aussi été un fer-de-lance de la modernité, à l'instar du Havre, qui reste le premier port de France et aussi une étonnante vitrine du modernisme, avec son centre-ville reconstruit après-guerre par Auguste Perret. Autrefois décrié, ce legs est largement reconsidéré depuis son inscription par l'Unesco sur la Liste du patrimoine mondial. L'Histoire aussi fait des boucles, et à l'embouchure du fleuve, la cité constitue une ultime surprise dans un itinéraire tout en nuances.

↑ Au Havre, la passerelle Le Chevalier franchit le bassin du Commerce, devant le clocher de Saint-Joseph qui s'élève tel un phare.

→ Page 47
La longue plage du Havre.

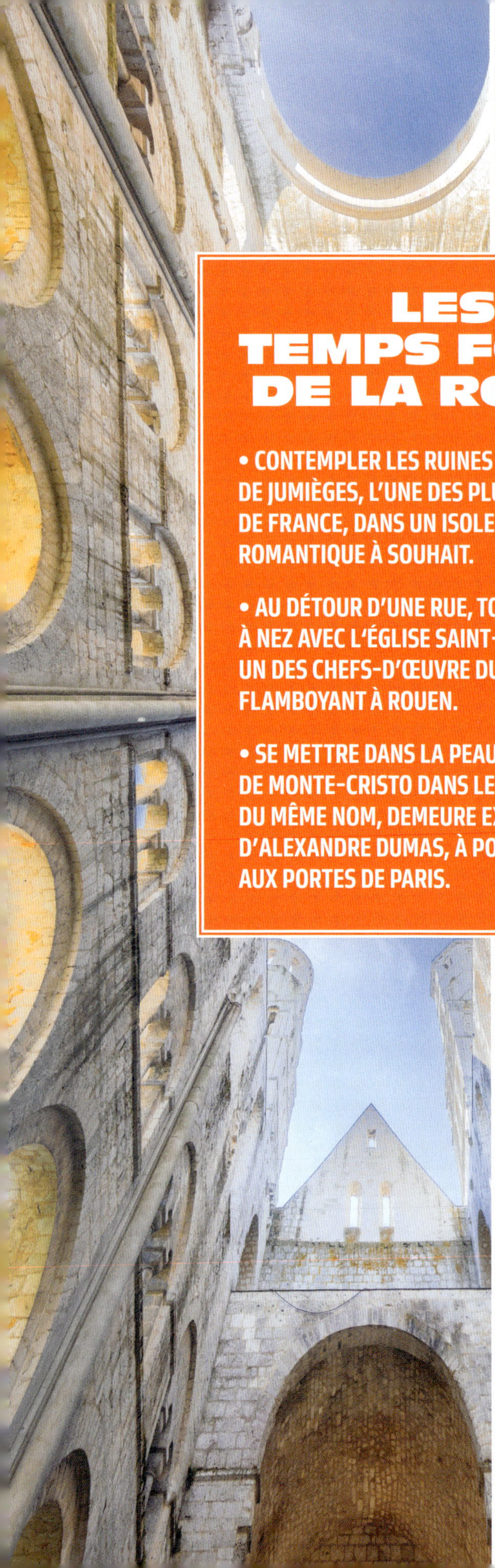

LES TEMPS FORTS DE LA ROUTE

- CONTEMPLER LES RUINES DE L'ABBAYE DE JUMIÈGES, L'UNE DES PLUS BELLES DE FRANCE, DANS UN ISOLEMENT ROMANTIQUE À SOUHAIT.

- AU DÉTOUR D'UNE RUE, TOMBER NEZ À NEZ AVEC L'ÉGLISE SAINT-MACLOU, UN DES CHEFS-D'ŒUVRE DU GOTHIQUE FLAMBOYANT À ROUEN.

- SE METTRE DANS LA PEAU DU COMTE DE MONTE-CRISTO DANS LE CHÂTEAU DU MÊME NOM, DEMEURE EXTRAVAGANTE D'ALEXANDRE DUMAS, À PORT-MARLY, AUX PORTES DE PARIS.

À l'embouchure
du fleuve,
Le Havre constitue
l'ultime surprise
du parcours.

03

Des joyaux sur la mer

Départ
Mont-Saint-Michel

Arrivée
Brest

Distance
540 km

Territoire
Bretagne

LA CÔTE NORD DE LA BRETAGNE

N'en doutons pas, le Mont-Saint-Michel se trouve en Normandie... mais il forme la porte d'entrée la plus grandiose pour arpenter le littoral breton ! De là jusqu'à Brest, ce ne sont que caps déchiquetés, abers secrets, ports pittoresques, criques idylliques. Mille et un recoins d'une côte infiniment découpée et sauvage, où partout le granit flirte avec la mer, et où à la rudesse des éléments s'oppose une myriade de cités de caractère qui sont autant de refuges chaleureux. C'est une certitude : nous sommes en Bretagne, et nulle part ailleurs.

← Bateaux au mouillage devant la plage du Béchet à Saint-Briac.

Perros-Guirec
Port-Blanc
Plougrescant
Île de Bréhat
Pte de l'Arcouest
La Croix des Veuves
Paimpol
Lézardrieux
Tréguier
Jardins de Kerdalo
Abbaye de Beauport
Pointe de Bilfot
Pte de Minard
Côte du Goëlo
Plouézec
Bréhec-en-Plouha
Lanloup
Plouha
Pontrieux
Bégard
Guingamp
Ménez Bré
St-Quay-Portrieux
Étables-s-Mer
Binic
BAIE DE ST-BRIEUC
Côte de Penthièvre
Cap Fréhel
Fort la Latte
Cap d'Erquy
Sables-d'Or-les-Pins
Erquy
Pte de Pléneuf
Le Val-André
Pléneuf-Val-André
Pte du Roselier
Plérin
ST-BRIEUC
Ploufragan
Trégueux
Yffiniac
Lamballe
Forêt de St-Aubin-la-Hunaudaye
Chau de la Hunaudaye
Plédran
Plaintel
Quessoy
Bois d'Avaugour
Gorges du Blavet
Chaos de Gouët
CÔTES D'ARMOR

Côte des Légendes
Roches de Portsall
Roches d'Argenton
L'Île Vierge
Ménéham
Brignogan-Plages
Plounéour-Trez
Guissény
Lilia
Plouguerneau
Aber Wrac'h
Lannilis
Aber Benoît
Ploudalmézeau
Portsall
Landunvez
Argenton
Porspoder
Lampaul-Plouarzel
Plouarzel
Le Folgoët
Lesneven
Plabennec
Landerneau
Passage du Fromrust
Côte Sauvage
Île d'Ouessant
Pointe de Pern
Lampaul
Passage du Fromveur
PARC NATUREL RÉGIONAL D'ARMORIQUE
Île-Molène
Pointe de Corsen
Chenal du Four
Île de Béniguet
Le Conquet
St-Renan
Guipavas
Brest
BREST
Plouzané
Océanopolis
Le Relecq-Kerhuon
Plougastel-Daoulas
Daoulas
Pte des Espagnols
Goulet de Brest
Pointe de Saint-Mathieu
Abbatiale
Plougonvelin
Pointe du Petit Minou
Chaussée des Pierres Noires
Camaret-sur-Mer
Roscanvel

Îles Chausey
Grande Île
Granville
St-Pair-s-Mer
Donville-les-Bains
Bréville-s-Mer
Coudeville
Bricqueville-s-Mer
Jullouville
Carolles-Plage
Le Pignon Butor
Carolles
Champeaux
St-Jean-le-Thomas
Dragey-Ronthon
Pte du Grouin
Cancale
Rothéneuf
Dinard
Saint-Malo
Saint-Briac
Dinan
BAIE DU MONT-ST-MICHEL
Bec d'Andaine
Genêts
MONT-SAINT-MICHEL
Avranches
Villedieu-les-Poêles
Pontorson
Dol-de-Bretagne
St-Hilaire-du-Harcouët
Isigny-le-Buat
Ducey-Les-Chéris
Le Vivier-s-Mer
Cherrueix
St-Benoît-des-Ondes
La Gouesnière
Pleslin-Trivagou
Plouër-s-Rance
Pleudihen-s-Rance
Lanvallay
Miniac-Morvan
Pleine-Fougères
Tremblay
Bourgvallées
Champrepus
Percy-en-Normandie
La Haye-Pesnel
Sartilly-Baie-Bocage
Le Val-St-Père

Les Sept Îles
Côte de Granit Rose
Ploumanac'h
Perros-Guirec
Trégastel-Plage
Île Grande
Trébeurden
Le Castel
Baie de Lannion
Lannion
Roscoff
Château du Taureau
St-Pol-de-Léon
Carantec
Morlaix
Primel-Trégastel
Côte des Bruyères
Locquirec
St-Michel-en-Grève
Plestin-les-Grèves
Le Gouffre
Port-Blanc
Tréguier
Lézardrieux
Paimpol
Île de Bréhat
Le Paon
Sillon de Talbert
Pte de l'Arcouest
Pontrieux
Bégard
Guingamp
Plouaret
Belle-Isle-en-Terre
Callac
Huelgoat
Landivisiau
St-Thégonnec Loc-Eguiner
Guimiliau
Commana
Plougonven
Plouigneau
Lanmeur
Plouézoc'h
Tonquédec
Plouha
Châtelaudren
Bourbriac
Pléhédel

De l'abbaye du Mont-Saint-Michel se devine parfaitement, même les jours de pluie, la pointe du Grouin. À l'ouest de l'immense baie, elle signale le pays de Cancale, dont le port de pêche promet une expérience mémorable : déguster ses fameuses huîtres toutes fraîches directement sur les quais. Nous voilà dans le bain ! Toute cette Côte d'Émeraude se révèle iodée et vivifiante : sur les remparts de Saint-Malo d'où l'on toise le tombeau

de Chateaubriand défiant la mer, entre les villas balnéaires très chic de Dinan, à la pointe du magistral cap Fréhel… Le tableau est saisissant, et il est impossible d'en égrainer tous les joyaux. Le château fort et les maisons à pans de bois de Dinan, les falaises photogéniques de Saint-Cast-le-Guildo, ou encore les landes littorales du cap d'Erquy composent autant d'étapes supplémentaires au charme singulier et insinuant.

Le Mont-Saint-Michel, porte d'entrée de la Côte d'Émeraude.

Double page suivante
Soleil couchant à Dinard.

À l'ouest de la baie : le pays de Cancale.

La Côte d'Émeraude, iodée et vivifiante.

↑ Les remparts de Saint-Malo.

→ Une pause sur le port de Dinan, le long de la Rance.

La Côte de Granit rose et ses mystères

Passé le port de Paimpol, aujourd'hui apprécié des plaisanciers, s'ouvre un autre pays des merveilles : celui de la Côte de Granit rose. Tout le littoral est émaillé d'énormes rochers aux reflets rougeoyants, qui semblent avoir été polis par la main d'artistes géants. Entre bosquets de pins maritimes et bouquets d'ajoncs et de bruyère, le sentier du littoral déroule un paysage diablement mystérieux et ensorcelant sous le soleil couchant, tout particulièrement autour de Plougrescant, Perros-Guirec, Ploumanac'h et Trégastel. C'est aussi un paradis pour les amateurs de plages oubliées : au creux des caps et entre les roches se cachent souvent de délicieux rubans de sable immaculé ourlés d'eaux turquoise. On se croirait aux antipodes !

↑ Dans les rues de Dinan.

→ Double page suivante
Le sentier du littoral à Ploumanac'h.

Le sentier du littoral
déroule un paysage diablement
mystérieux et ensorcelant.

Aux confins de la terre

Puis vient un autre bout du monde : le département du Finistère, « là où finit la terre »... Dans l'air très salé, dans la courbure des pins qui s'adossent contre le vent, dans les villages reclus au fond des abers (ces bras de mer qui s'enfoncent profondément dans l'arrière-pays, et soumis au rythme des marées), l'élément marin est partout prédominant. On découvre d'abord Morlaix, dont le joli centre ancien se protège en retrait de l'une des plus belles baies de France, aux flots azur constellés de récifs. Ensuite Roscoff, avec ses nobles maisons d'armateurs alignées le long des quais. Le décor idéal pour profiter, pourquoi pas, d'une thalassothérapie aux algues ?

↑ Profusion d'hortensias bleus, vous êtes bien en Bretagne !

← Le phare du Petit Minou, repère essentiel pour entrer dans la rade de Brest.

Le décor idéal pour profiter d'une thalassothérapie ?

⊕ Roscoff et son phare.

⊙ À Brest, dans le quartier de Kérigonan.

⊙ PAGE 64
Bateaux le long de la bien nommée Côte d'Émeraude.

Enfin, la route littorale sinue à la proue de la Bretagne : cette côte est en butte contre un océan, d'où sa rudesse et même sa sauvagerie, signalée par les phares qui festonnent ses nombreux caps formant autant d'écueils gigantesques. Moment d'émotion à la pointe de Corsen, dont la falaise haute de 50 m marque le point le plus à l'ouest de la France continentale : en face, c'est l'Amérique ! Enfin, après le panorama grandiose de la pointe de Saint-Mathieu battue par les flots, on vire vers l'intérieur des terres qui ceignent l'immense rade de Brest. Si l'on en doutait, tous les ports sont des refuges, et celui-ci compte parmi les plus vastes et mythiques !

On se croirait aux antipodes !

LES TEMPS FORTS DE LA ROUTE

• TRAVERSER LA BAIE DU MONT-SAINT-MICHEL LES PIEDS DANS LA VASE ET LES YEUX TOURNÉS VERS LA « MERVEILLE ». L'APPROCHE DE CETTE ÎLE MONUMENT À PIED EST INOUBLIABLE.

• PRENDRE LE BATEAU POUR ABORDER LE CHÂTEAU DU TAUREAU, UN FORT DE GRANIT DORÉ PLANTÉ AU MILIEU DES FLOTS.

• VOIR UN DAUPHIN SAUTER HORS DE L'EAU DANS LA BAIE DU MONT-SAINT-MICHEL, EN FACE DE CANCALE. UNE CHANCE QU'ON N'A QU'UNE FOIS DANS SA VIE (ET ENCORE…).

• CONTEMPLER LE SOLEIL SE COUCHER SUR LES ROCHERS ROSES DE PLOUMANAC'H, QUAND LE CIEL SE FAIT BRASIER.

04

Le jardin de la France

Départ
Tours

Arrivée
Tours

Distance
534 km

Territoire
Touraine et Anjou

LA LOIRE ET SES CHÂTEAUX

Horizon large et sinuosités élégantes, si le «fleuve royal» était une route, celle-ci serait grandiose et esthète ! Blois, Chambord, Cheverny, Chenonceau, Azay-le-Rideau, Villandry, etc. : ces noms de légende résonnent des hauts faits de la Renaissance française, au cœur de paysages immémoriaux. Entre coteaux striés de vignobles et vergers généreux, le «jardin de la France», baigné d'une proverbiale «douceur angevine», invite à de suaves déambulations... et à de subits débordements d'émotion lorsque l'on aborde ses extravagants châteaux.

← Le château d'Azay-le-Rideau.

Angers
Château de Serrant
Château de Brissac
Saumur
Abbaye de Fontevraud
Château d'Uss
Chinon
Lang
La Flèche
Sablé-s-Sarthe
Château-Gontier
Segré
Durtal
Baugé-en-Anjou
Le Lude
Château-la-Vallière
Les Ponts-de-Cé
Trélazé
Beaufort-en-Anjou
Longué-Jumelles
Doué-la-Fontaine
Montreuil-Bellay
Chemillé-en-Anjou
Thouars
Loudun
Bressuire
Mauléon
Bourgueil
Fontevraud-l'Abbaye
Candes-St-Martin
Forêt de Chandelais
PARC NATUREL RÉGIONAL
LOIRE
ANJOU
TOURAINE
MAINE
LOIRE
Airvault
Oiron
Moncontour
St-Jouin-de-Marnes
Cerizay
0
20 km

Vendôme
Château-Renault
Blois
BLOIS
Château de Chambord
Château de Cheverny
Château de Chaumont-sur-Loire
Amboise
TOURS
Château et jardins de Villandry
Château d'Azay-le-Rideau
Château de Chenonceau
Chenonceaux
Chédigny
Montrésor
Loches
Montrichard
St-Aignan
Valençay
Châtellerault
Beaugency
St-Calais
Ste-Maure-de-Touraine
Descartes
Châtillon-s-Indre
Buzançais
Levroux
Selles-s-Cher
Forêt de Fréteval
Forêt d'Amboise
Pagode de Chanteloup
Zoo-parc de Beauval
Montlouis-s-Loire
Vouvray
Luynes
Contres
Mer
Savigny-s-Braye
Montoire-s-le-Loir
Veuzain-s-Loire
Bléré
Ligueil
Preuilly-s-Claise
Azay-le-Ferron
Palluau-s-Indre

Notre itinéraire débute à Tours, au cœur du Val de Loire. La ville a souffert des bombardements de la Seconde Guerre mondiale, mais sa célèbre place Plumereau conserve intactes ses superbes maisons à pans de bois des XVIe et XVIIe siècles. Nous voilà prêts à remonter le temps… et le cours du fleuve, direction Amboise. Dans son château royal s'est joué un événement capital quand, en 1516, François Ier invite auprès de lui le célèbre génie italien, Léonard de Vinci. La Renaissance française devait métamorphoser la vallée !

↑ Amboise, résidence des rois de France.

← Le Clos Lucé, demeure de Léonard de Vinci à Amboise, à deux pas du roi.

Il était une fois des jardins royaux, baignés dans la lumière du soir…

⊙ Cheverny a inspiré Hergé pour le château de Moulinsart.

⊙ En route vers Villandry.

⊙ Double page suivante Le château de Chambord.

Plus haut sur le fleuve on rencontre le château de Chaumont, forteresse tout en élégance, pensée pour l'agrément, vocation encore vivante de nos jours grâce au passionnant Festival international des Jardins. Puis vient le château de Blois, dont l'aile François Ier, mêlant loggias à l'italienne et dentelles de pierre, n'est que perfection. Mais le meilleur reste à venir : à l'orée de la forêt solognote, le château de Chambord fait son apparition... tel un mirage. Son fameux escalier à double révolution, sans doute l'œuvre de Vinci, est digne d'une utopie architecturale ! Au sud, enfin, on découvre le château de Cheverny, qui, lui, annonce le classicisme. Une France éternelle s'inscrit ici, à la croisée des styles et des époques.

Chaumont, Cheverny, Blois... Remonter la Loire, c'est prendre l'autoroute de l'Histoire.

SITES ET MONUMENTS HISTORIQUES
CHÂTEAU DE VILLANDRY

Arrière-cours courtoises

Il est temps de quitter la Loire pour ses affluents, dont les rives verdoyantes et presque intimes cachent là encore des merveilles. Au premier chef le château de Chenonceau, bijou de raffinement lancé en travers du Cher par Diane de Poitiers (favorite de Henri II) puis Catherine de Médicis (son épouse officielle), et serti de jardins Renaissance enchanteurs. Sur l'Indre ensuite, on atteint Loches, jolie cité d'art et d'histoire qui conserve le souvenir d'Agnès Sorel, maîtresse de Charles VII. Sur la Vienne, enfin, se dévoile Chinon, avec sa ville médiévale digne d'un film de cape et d'épée. Partout, on flirte avec le temps passé...

La Loire, miroir du passé.

Le château de Chenonceau ne fait qu'un avec le Cher.

À Chedigny, les roses succèdent aux tours.

Angélique Anjou

Un détour par la superbe abbaye royale de Fontevraud, qui fut la nécropole des Plantagenêts – Aliénor d'Aquitaine et deux rois d'Angleterre, Henri II et Richard Cœur de Lion, y sont inhumés ! –, et l'on bifurque vers Saumur, dominé par sa forteresse digne d'une enluminure médiévale. Vers l'aval n'impressionne pas moins l'immense citadelle d'Angers, qui protège la célèbre Tapisserie de l'Apocalypse. Les deux cités angevines témoignent d'une étonnante richesse patrimoniale, tout en constituant un cadre de vie des plus séduisants. N'est qu'à penser à ces appellations illustres dont les vignobles se déploient alentour : saumur-champigny, savennières, coteaux-du-layon... Les châteaux de Brissac et de Serrant ajoutent leurs fastes à ces paysages exemplaires de l'art de vivre à la française.

↑ Le château de Brissac, en Anjou.

← Traversée de Montrésor.

Retour vers Tours

Enfin, il est temps de boucler la boucle : entre Loire et Indre, la fin de notre itinéraire avance au gré de derniers monuments… qui ne sont pas les moindres. On croise d'abord Ussé, qui aurait inspiré à Charles Perrault le château de sa Belle au Bois Dormant. Puis Azay-le-Rideau, bijou de délicatesse dont les façades sont sculptées sur le thème de l'amour. Après Langeais, cadre du mariage de Charles VIII et d'Anne de Bretagne, on découvre un ultime joyau, Villandry, dont les jardins Renaissance déploient des marqueteries végétales d'une subjuguante beauté. L'alliance de l'art et de la nature est la véritable signature du Val de Loire.

⊕ Une pause au village d'Azay-le-Rideau avant la visite du château.

⊕ Bientôt Tours !

⊕ Villandry et ses jardins.

⊕ Page 83
Le château de Chaumont sur les bords de la Loire.

LES TEMPS FORTS DE LA ROUTE

- HUMER LES ROSES DU CHARMANT VILLAGE DE CHÉDIGNY, LORS DU FESTIVAL QUI LEUR EST CONSACRÉ LE WEEK-END DE LA FÊTE DES MÈRES.
- COMPTER LES PINACLES, CLOCHETONS ET ÉPIS FAÎTIERS DU CHÂTEAU DE SAUMUR, LA « PERLE DE L'ANJOU ».
- DÉAMBULER DANS LES JARDINS DU CHÂTEAU DE VILLANDRY, CHEF-D'ŒUVRE VÉGÉTAL ABSOLU.

Sur les rives du fleuve se conclue un voyage entre histoire, nature et patrimoine.

05

Le charme de l'immuable

Départ
Gien

Arrivée
Ainay-le-Vieil

Distance
287 km

Territoire
Berry

LA ROUTE JACQUES-CŒUR

Bienvenue au cœur de la France ! Le département du Cher a donné à l'un de ses plus célèbres enfants, le grand marchand et financier du Moyen Âge, Jacques Cœur, le nom de sa principale route touristique. De Gien au nord, sur les rives de la Loire, à Ainay-le-Vieil au sud, non loin du centre géographique de l'Hexagone, en passant par Bourges, l'itinéraire traverse plusieurs provinces historiques – le Berry, le Sancerrois, le Boischaut… – au fil de châteaux relativement confidentiels et de cités souvent méconnues, pourtant emblématiques d'un art de vivre immémorial. Le charme discret, mais entier, d'une France immuable.

← Le discret château de la Verrerie, dans le Cher.

GIEN
Autry-le-Châtel
Argent-sur-Sauldre
Aubigny-sur-Nère
Château de la Verrerie
La Chapelle-d'Angillon
Sancerre
Menetou-Salon
Bourges
CHER
Dun-sur-Auron
Sagonne
Château de Meillant
Saint-Amand-Montrond
Abbaye de Noirlac
Ainay-le-Vieil
0
20 km

Qui était Jacques Cœur ? Le fabuleux destin de ce fils de pelletier (artisan de peaux), né à Bourges vers 1395-1400, prête aux légendes. Négociant de génie, il se fait banquier et armateur, commerce avec le Levant et finit par devenir le Grand Argentier de Charles VII. Et puis c'est la chute brutale. Banni pour avoir confondu les finances du royaume avec les siennes, il disparaît, en 1456, sur l'île grecque de Chios.

La visite du somptueux palais gothique qu'il a fait construire au cœur de Bourges constitue un sommet au fil de l'itinéraire qui porte aujourd'hui son nom. Hérissé de tourelles et de pinacles sculptés, l'édifice résume la magnificence du XVe siècle. Bourges elle-même reste l'opulent témoin des cités commerçantes de la fin du Moyen Âge : autour de sa fastueuse cathédrale inscrite au Patrimoine mondial de l'Unesco s'égrènent plus de cinq cents maisons à pans de bois, offrant le plus riche spectacle !

↓ La cathédrale de Bourges s'impose au détour des ruelles.

En amont de Bourges

Mais revenons en arrière... La route Jacques-Cœur débute à 140 km de là, à la croisée du Berry et de la Sologne. Loin du commerce avec le Levant et des hautes sphères du pouvoir, on découvre ici une autre forme de richesse : celle des terres agricoles qui a irrigué les petites cités rurales et permis aux anciens seigneurs de faire élever autant de châteaux. Aristocratique et bourgeoise, les deux facettes du pays se trouvent réunies.

La route démarre
à la croisée du Berry et de la Sologne.

À Gien dont la Faïencerie perpétue un artisanat ancestral et dont le château abrite le musée Chasse, histoire et nature en Val de Loire, à Argent-sur-Sauldre où se cache un passionnant musée des Métiers d'Antan, à Aubigny-sur-Nère classée « Petite Cité de Caractère », ou encore à La Chapelle-d'Angillon, où est né le romancier Alain Fournier, c'est toute la vitalité des anciennes provinces de France que l'on retrouve.

↑ Le château de Gien et l'église Sainte-Jeanne-d'Arc au-dessus de la Loire.

En avançant encore sur la route, celle-ci se fait résolument gourmande : on croise le village de Chavignol, célèbre pour son crottin de chèvre, puis Sancerre, dont on ne présente plus les vins – qui plus est, la cité compte parmi « les plus beaux villages de France » ! Enfin, on aborde le château de Menetou-Salon, dont le vignoble n'est pas moins renommé. C'est ici, avant d'entrer dans Bourges, que l'on croise la trace de Jacques Cœur, car la seigneurie lui a appartenu jusqu'à sa disgrâce.

➔ À Autry-le-Châtel, l'église Saint-Etienne.

➔ Sur la route de Bourges, à Aubigny-sur-Nère. En cas de pépin...

➔ Traversée du Sancerrois.

En aval de Bourges

La suite de l'itinéraire est à l'unisson. Un détour s'impose d'abord par Mehun-sur-Yèvre : son château a vu passer Jeanne d'Arc et, là encore, Jacques Cœur, tandis que son Pôle de la Porcelaine rappelle le succès séculaire de la porcelaine du Berry. Puis l'on passe par Dun-sur-Auron, ancienne place forte royale qui conserve remparts et beffroi. Après la découverte du château de Sagonne, petite mais impressionnante forteresse médiévale, on aborde un véritable joyau : le château de Meillant, auréolé d'une dizaine de tours (XIVe-XVIe siècles) et digne du Val de Loire.

↑ La bouinotte est une petite fenêtre en berrichon.

→ Les facades médiévales d'Aubigny-sur-Nère.

← DOUBLE PAGE PRÉCÉDENTE Le château de Meillant.

Un parcours aux accents moyenâgeux.

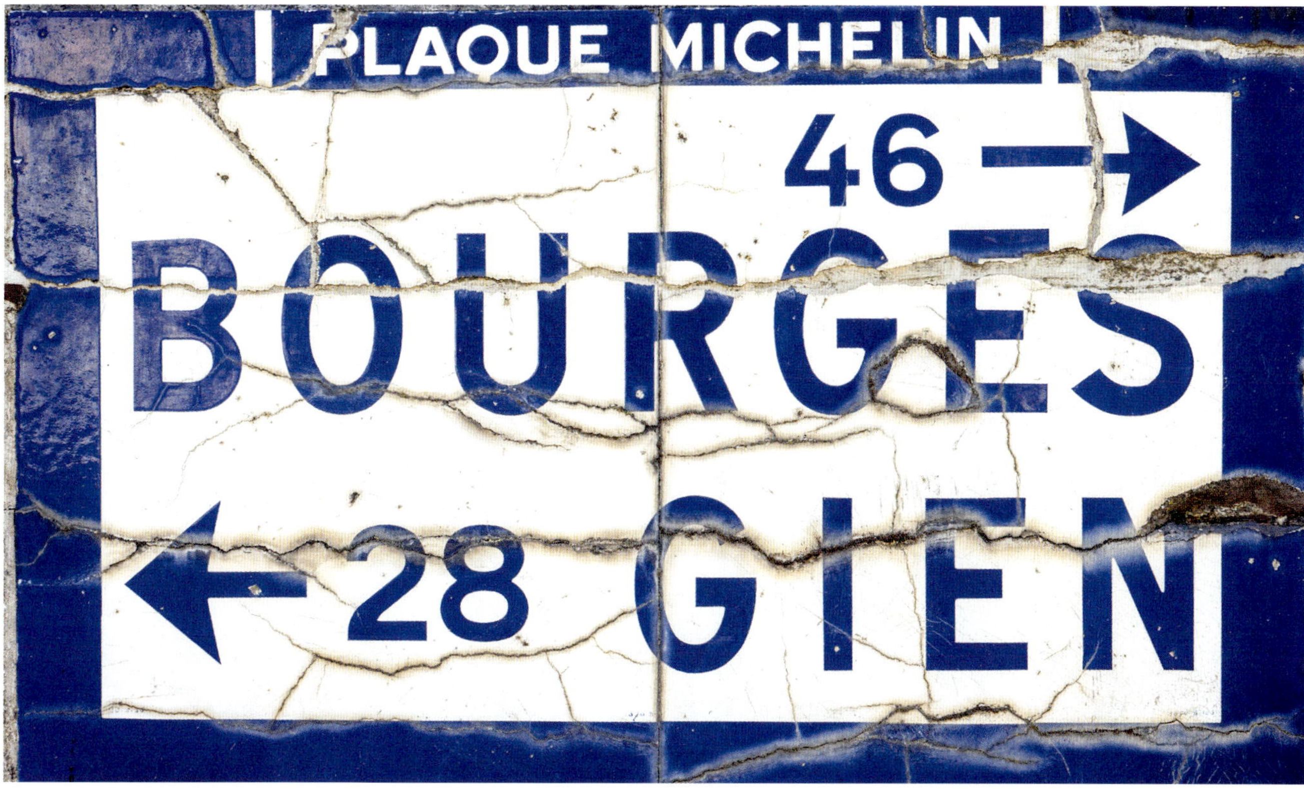
PLAQUE MICHELIN
46
BOURGES
28
GIEN

EP OVC EY

L'abbaye cisterienne de Noirlac.

Page 98
Voûtes de la chapelle, dans le palais Jacques-Cœur à Bourges.

Mais le tableau ne serait pas complet si la route ne comptait pas un petit bijou d'architecture religieuse : ainsi arrive l'abbaye de Noirlac (XIIe-XIVe siècles), qui reste l'un des ensembles monastiques les mieux conservés et les plus complets de France. Dans la foulée, c'est un autre vertige que procure Saint-Amand-Montrond, dont le musée Saint-Vic nous fait remonter au temps de la préhistoire ! Enfin, le chemin se referme sur le château fort d'Ainay-le-Vieil, véritable icône du genre. Un dernier coup de… cœur ?

La route compte un petit bijou d'architecture religieuse.

⊙ Sur la route Jacques Cœur, jour de fête à Saint-Amand-Montrond.

⊙ Meillant, l'une des dernières communes traversées par notre parcours.

Bourges reste l'opulent témoin des cités commerçantes de la fin du Moyen Âge.

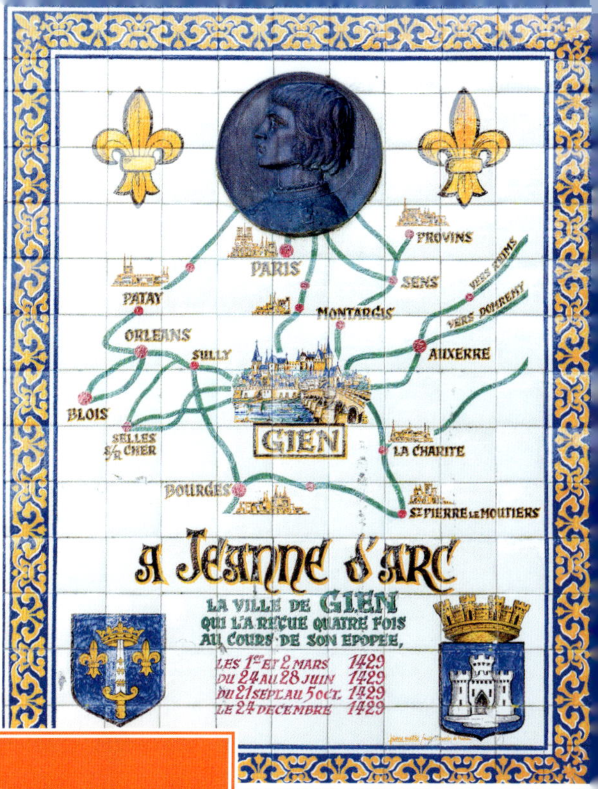

LES TEMPS FORTS DE LA ROUTE

- REPLONGER DANS « LE GRAND MEAULNES » D'ALAIN-FOURNIER, AU CHÂTEAU DE LA VERRERIE, QUE L'AUTEUR A DONNÉ POUR CADRE À L'ÉPISODE DE LA FÊTE.
- ADMIRER LA FAMEUSE FAÏENCE DE GIEN, BLEUE AVEC SES REHAUTS DE JAUNE, DANS UN STYLE NÉO-RENAISSANCE TRÈS EN VOGUE AU XIXe SIÈCLE.
- GOÛTER L'ART DE VIVRE À SANCERRE, OÙ LE VIN S'ACCORDE SI BIEN AU CROTIN DE CHAVIGNOL.
- FAIRE LE TOUR DU CHÂTEAU DE MEILLANT ET DÉCOUVRIR, APRÈS L'AUSTÈRE FAÇADE BAIGNÉE DE DOUVES, LA FAÇADE EST, OÙ LES GRÂCES DU GOTHIQUE FINISSANT SE PARENT D'ITALIANISME.

06

Sur les contreforts des Vosges

Départ
Marlenheim

Arrivée
Thann

Distance
170 km

Territoire
Alsace

LA ROUTE DES VINS D'ALSACE

Plus qu'une route, c'est une véritable star, connue à travers le monde entier pour ses villages aux maisons à pans de bois multicolores, ses collines langoureuses striées de rangs de vignes, ses légendaires cigognes... et ses opulents marchés de Noël ! De Marlenheim, à l'ouest de Strasbourg, à Thann, près de Mulhouse, l'itinéraire officiel, long de 170 kilomètres, se faufile sur les contreforts des Vosges. De châteaux en caves de dégustation, de chapelles en places de village, de bonnes tables en rites vignerons, les sens sont à la fête... avec modération bien sûr.

← Les maisons à colombages de Colmar forment un écrin de conte de fées autour des canaux.

MARLENHEIM
Westhoffen
Molsheim
Rosheim
Obernai
Andlau
Château du Haut-Kœnigsbourg
Hunawihr
Ribeauvillé
Riquewihr
Kaysersberg
Katzenthal
Colmar
Eguisheim
Rouffach
Thann
STRASBOURG
MULHOUSE
Sélestat
Saverne
Sarrebourg
St-Dié-des-Vosges
Raon-l'Étape
Gérardmer
Guebwiller
Lahr
Emmendingen
Freiburg
Breisach am Rhein
BAS-RHIN
67
0
10 km

Riesling, gewurztraminer, sylvaner, pinot blanc, pinot gris, muscat d'Alsace et pinot noir : sept cépages, pas un de plus, entrent dans la composition des vins d'Alsace. On doit aux Romains la plantation des premiers arpents. Quelque deux mille ans de culture ont forgé un paysage unique : la notion de terroir, l'union intime des hommes et d'une terre, prend ici tout son sens. Dès que l'on quitte Marlenheim se découvre le chapelet des villages viticoles, dont la sociabilité, le rythme de vie restent commandés par le cycle immémorial des cultures et des vendanges. Wangen, Westhoffen, Molsheim ou encore Rosheim...

↑ Noyé dans la vigne autour d'Eguisheim.

La plupart des cités conservent leurs portes médiévales, leurs églises romanes ou gothiques, et une myriade de maisons à colombages qui restent les témoins d'une prospérité bien installée. Pourquoi changer une recette qui marche? Obernai résume tous ces fastes derrière ses pittoresques remparts, qui semblent avoir protégé du passage du temps son centre ancien, auréolé d'une magnifique collection de toits polychromes.

→ La tour des Bouchers à Ribeauvillé.

↓ Quais de la Petite Venise, à Colmar.

Un terroir d'exception, union intime des hommes et d'une terre.

D'Obernai à Colmar

D'Obernai, la route file toujours vers le sud. Après une première étape à Andlau, charmante bourgade où s'épanouissent d'opulentes maisons de producteurs, une incursion vers les Vosges s'impose, à l'assaut de l'incontournable château du Haut-Kœnigsbourg. Perchée sur un éperon de grès, la célèbre forteresse, auréolée de tours, de bastions et de coursives, semble le décor d'un roman de chevalerie ! La vue sur la plaine d'Alsace y est magistrale.
En contrebas, on aborde un autre must : Ribeauvillé, dominé par quelques nids de cigognes. Sa Grand'Rue fleurie de géraniums est iconique. Au-delà du

La route file vers le sud entre les vignes.

⊕ Le ravissant village de Riquewihr, entouré de vignes.

⊕ L'automne près de Hunawhir.

⊕ Double page suivante
La forteresse perchée du Haut-Kœnigsbourg.

Boucherie
Charcuterie
H SIEDEL
Fromage
DMC
mercerie
FOIE GRAS

village, la route s'élève et la vue se dégage sur la plaine : on atteint le cœur du vignoble alsacien, protégé par les plus hauts sommets vosgiens. Deux cités aussi célèbres que pittoresques prennent ici leurs aises : Riquewihr et Kaysersberg, qui reconduisent littéralement au XVIe siècle ! Les appareils-photos des touristes y crépitent toute l'année, et plus encore au moment de leurs marchés de Noël, qui comptent parmi les plus beaux d'Alsace. Mais en la matière, la palme revient sans conteste à Colmar, dont les maisons sculptées et les canaux offrent un écrin de conte de fée à pas moins de six marchés de Noël disséminés dans la vieille ville !

← Les ruines du château Saint-Ulrich, vu des ruelles de Ribeauvillé.

↓ La tour de l'horloge de Riquewihr.

De Colmar à Thann

Dans les rues étroites d'Eguisheim.

Katzenthal et la plaine d'Alsace.

Page 115
Au loin, l'église fortifiée de Hunawhir.

Cette dernière portion résume tous les charmes de la route, en particulier le village d'Eguisheim, lové derrière ses remparts concentriques entourés de vignes. Ruelles pavées, portails armoriés, oriels, pignons pointus... la bourgade n'a pas changé depuis la Renaissance, quel voyage ! Plus loin, Rouffach ne fait pas moins remonter le temps, autour de sa halle au blé du XVIe siècle. Enfin, la parenthèse enchantée se referme sur Thann, blottie au pied des contreforts vosgiens. Pourquoi ne pas poursuivre l'équipée par la route des crêtes ?

Auberge
du
Rempart

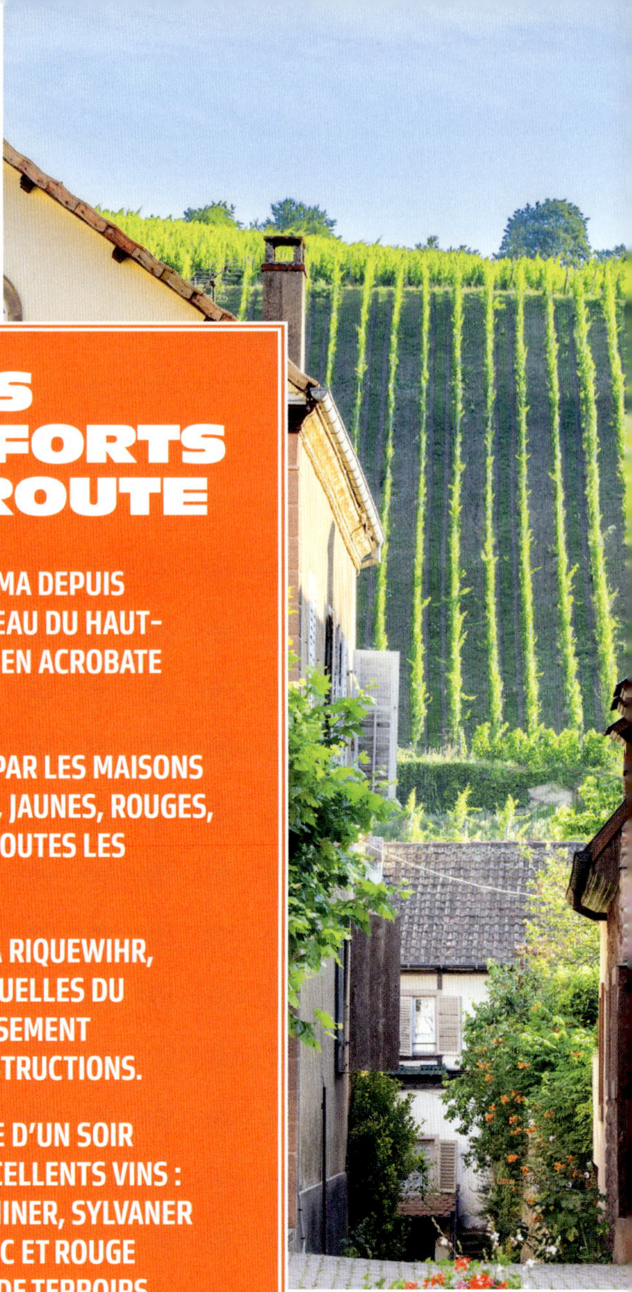

LES TEMPS FORTS DE LA ROUTE

- SAVOURER LE PANORAMA DEPUIS LES REMPARTS DU CHÂTEAU DU HAUT-KŒNIGSBOURG, PERCHÉ EN ACROBATE SUR SON ROCHER.

- SE LAISSER CHARMER PAR LES MAISONS À COLOMBAGES. BLEUES, JAUNES, ROUGES, VERTES, ON EN VOIT DE TOUTES LES COULEURS !

- REMONTER LE TEMPS À RIQUEWIHR, EN FLÂNANT DANS LES RUELLES DU XVIe SIÈCLE. MIRACULEUSEMENT ÉPARGNÉES PAR LES DESTRUCTIONS.

- PROFITER D'UNE ÉTAPE D'UN SOIR POUR DÉGUSTER LES EXCELLENTS VINS : RIESLING, GEWURZTRAMINER, SYLVANER ET AUTRES PINOTS BLANC ET ROUGE NE SONT PAS DES NOMS DE TERROIRS, MAIS DES CÉPAGES.

Un savoureux mélange de Bavière et de Bordelais !

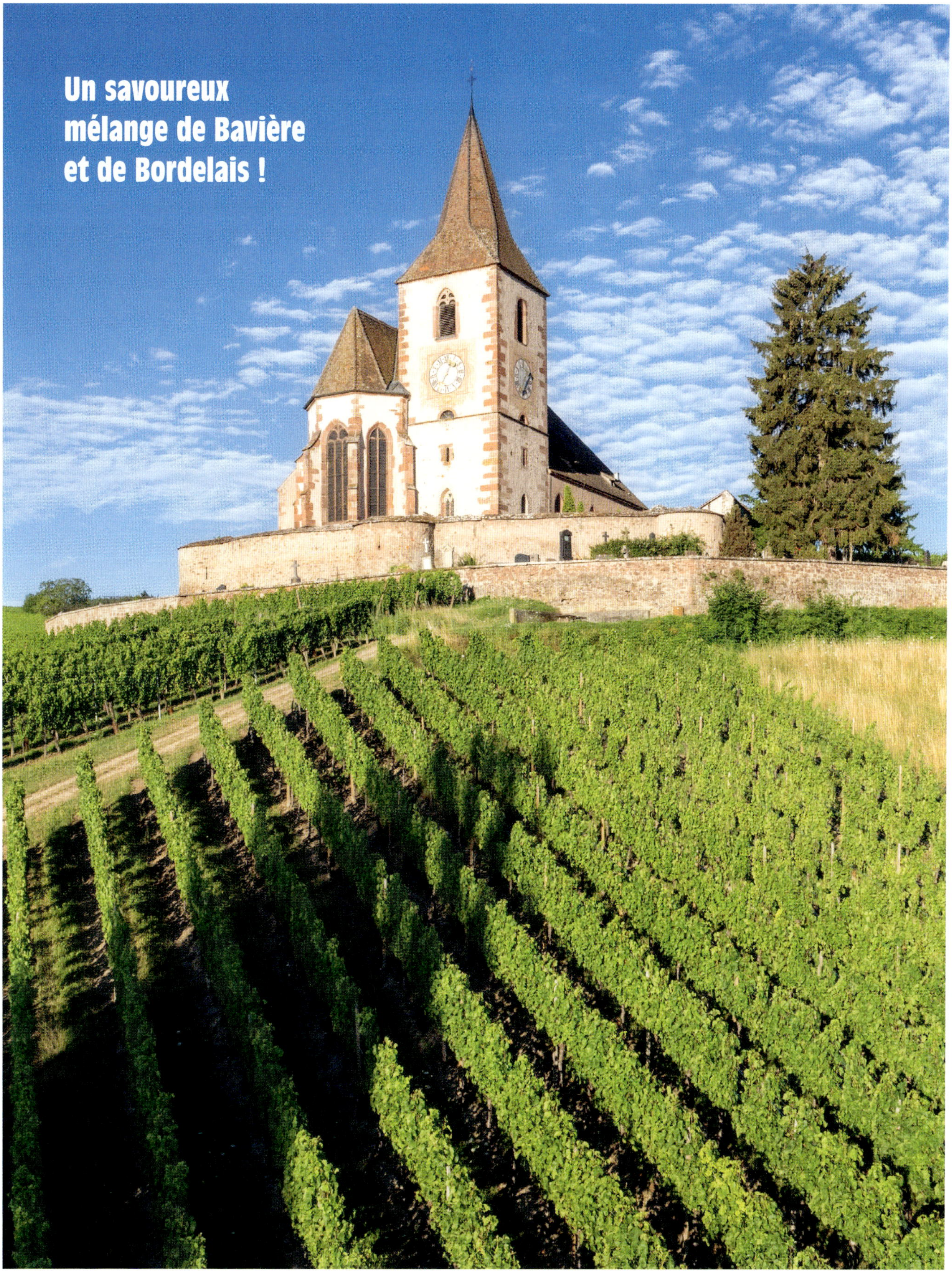

07

Un long fleuve tranquille ?

Départ
Sedan

Arrivée
Givet

Distance
95 km

Territoire
Ardennes

LA MEUSE ET SES MÉANDRES

Elle naît, comme la Seine, sur le plateau de Langres, en Haute-Marne, et file directement vers le nord pour finir sa course, longue de 950 kilomètres, aux Pays-Bas. La Meuse serait-elle un long fleuve tranquille ? Pas tout à fait, car avant de quitter la France, elle doit franchir un sérieux obstacle : les Ardennes, qui se dressent après Sedan. Ce massif ancien aux roches très dures, elle le traverse au prix d'une étroite entaille alternant isthmes et méandres. Tapissé d'une forêt obscure, ce corridor naturel dessine une profonde saillie sur la frontière franco-belge, appelée la pointe de Givet. Les méandres de la Meuse évoquent à la fois un point de passage… et un refuge.

⊖ Entre Anchamps et Laifour.

GIVET
Hierges
Fumay
Anchamps
Laifour
Monthermé
Deville
Levrézy
Nouzonville
Charleville-Mézières
CHARLEVILLE-MÉZIÈRES
Sedan
Donchery
Dinant
Anseremme
Philippeville
Florennes
Walcourt
Couvin
Chimay
Rocroi
Revin
Haybes
Beauraing
Rochefort
Wellin
Tellin
Gedinne
Bièvre
Paliseul
Bertrix
Bouillon
Vresse-s-Semois
Signy-l'Abbaye
Rethel
Attigny
Poix-Terron
Mouzon
Carignan
Stenay
Florenville
Libin
Ciney
Onhaye
Mettet
Gerpinnes
Hastière-Lavaux
Doische
Mariembourg
Virelles
Froidchapelle
Cerfontaine
Parc Naturel Viroin-Hermeton
PARC NATUREL RÉGIONAL DES ARDENNES
ARDENNES
Roches de Laifour
Roche aux 7 villages
Dom. provincial de Chevetogne
Grotte de Han
Grotte de Lorette
Euro Space Center
Vêves
Freÿr
Charlemont
Houyet
Han-s-Lesse
Daverdisse
Bellevaux
Ucimont
Dohan
Herbeumont
Muno
Vivier-au-Court
Villers-Semeuse
Nouvion-s-Meuse
Flize
Boulzicourt
Vendresse
Le Chesne
Tannay
Raucourt-et-Flaba
Beaumont-en-Argonne
Vaux-en-Dieulet
Sommauthe
Omont
Launois-s-Vence
Novion-Porcien
Chaumont-Porcien
10 km

Tout semble commencer paisiblement : de Sedan à Charleville-Mézières, le fleuve serpente nonchalamment sur le flanc sud des Ardennes, qu'il n'est pas encore temps d'aborder. Pourtant, pointant à l'horizon, la sombre couverture forestière du massif matérialise les menaces anciennes : nul hasard si Sedan abrite le plus grand château fort d'Europe ! Ses formidables remparts ont constitué pendant des siècles un verrou stratégique vis-à-vis de nos voisins germains. Ici se sont écrits plusieurs désastres de l'histoire nationale : en septembre 1870, la capitulation de Napoléon III face à la Prusse, et en

Tout commence paisiblement.

⊙ Sous les remparts du château fort de Sedan.

⊙ La Place ducale de Charleville-Mézières.

mai 1940, la percée des armées du IIIe Reich vers la mer, prélude à la déroute française. On s'étonne de découvrir, aux pieds d'une telle forteresse, une ville aussi avenante : une importante activité textile a assuré sa prospérité, toujours lisible dans le bâti ancien.

Bateau ivre

Charleville-Mézières cultive, elle, une autre mémoire : celle de son plus illustre enfant, Arthur Rimbaud. Est-ce la proximité de la Meuse qui a inspiré au poète son célèbre *Bateau ivre* ? « Comme je descendais des Fleuves impassibles »... Le cours d'eau n'est pas le seul atout de la vieille cité commerçante, où resplendit notamment la Place ducale. Avec ses pavillons Louis XIII et ses galeries d'arcades, celle-ci n'a rien à envier à la célèbre place des Vosges à Paris. On croirait des sœurs jumelles et, en réalité, elles sont l'œuvre de deux frères, la première de Clément, la seconde de Louis Métezeau, au tout début du XVIIe siècle.

**Charleville-Mézières ou Paris ?
À chacune leur place Louis XIII.
Deux sœurs jumelles.**

L'eau et le feu

↑ Le pont sur la Meuse à Donchery.

→ En route vers le site légendaire des Dames de Meuse.

→ Double page suivante
Randonnée à vélo le long de la Meuse.

Il est temps d'affronter les Ardennes : la Meuse s'immisce entre les courbes du relief, toutes tapissées de chênes, de hêtres, d'épicéas et de mélèzes. Débute un superbe travelling forestier... Pour autant, la richesse locale en bois a permis le développement d'une activité industrielle précoce, dont les témoignages restent nombreux au fil de l'eau. Tout d'abord à Nouzonville, le « Creusot ardennais », qui préserve un patrimoine original de forges et fonderies. Un peu plus loin, à Levrézy, le musée de la Métallurgie rappelle que cette histoire a débuté

LES DAMES DE MEUSE
RUE
BASSE
8

Il est temps d'affronter
les Ardennes.

⊖ Escalade au Roc la Tour
sur les hauteurs de Monthermé.

⊖ L'abbaye de Laval Dieu
à Monthermé.

⊕ À Givet, la vallée s'élargit.

avec les Celtes ! Plus au nord, c'est le sous-sol schisteux qui a permis au Moyen Âge l'essor d'une florissante activité d'extraction d'ardoises, alors convoyées sur le fleuve. De belles carrières de pierre bleue en émaillent les rives de Fumay, «capitale de l'ardoise» dont la pittoresque architecture traditionnelle met largement à profit ce matériau, jusqu'à Hierges, l'un des plus charmants villages ardennais avec ses maisons éparpillées dans un recoin de la vallée.

Givet, dernière ville fluviale avant la Belgique.

Au-dessus du serpent

En chemin, il faut bien sûr profiter des plus beaux belvédères sur les méandres : la roche aux Sept Villages et la roche à Sept Heures (évoquée par Julien Gracq dans *Un balcon en forêt*) près de Monthermé, les roches de Laifour et le mont Malgré-Tout autour de Revin, ou encore la Platale au-dessus de Fumay. On croirait observer encore le royaume de la déesse celte Arduinna (« forêt profond e»), qui a laissé son nom à la région ! Mais, tout au nord, on atteint déjà Givet : la vallée s'élargit, voilà la Belgique.

↑ Bords de Meuse près de Laifour.

← Étape à Deville.

→ Page 131
La Meuse sous le viaduc d'Anchamps.

LES TEMPS FORTS DE LA ROUTE

- LA MEUSE EST UNE RIVIÈRE STRATÉGIQUE OÙ SE POSTÈRENT DES FORTERESSES BIEN GARDÉES : ENTRE LA CITADELLE DE VAUBAN À GIVET ET LE CHÂTEAU FORT DE SEDAN, LAQUELLE PRÉFÉREREZ-VOUS ?

- ADMIRER LE LONG SERPENT DE LA MEUSE SE FAUFILANT ENTRE LES MASSIFS BOISÉS DEPUIS L'UN DES BELVÉDÈRES AU-DESSUS DE MONTHERMÉ.

Comme
je descendais des
Fleuves impassibles...

LA FRANCE MÉRIDIONALE

À l'extrême sud de la France, arrivée à Menton.

08
Leçons d'histoire

Départ
Golfe-Juan

Arrivée
Grenoble

Distance
330 km

Territoire
Alpes du Sud

LA ROUTE NAPOLÉON

Si cette route n'avait pas mené Napoléon à Waterloo, la face du monde aurait été tout autre ! Rares sont les lieux où s'est ainsi inscrite la Grande Histoire : le destin de la France, et même celui de l'Europe, s'est joué ici. Et si Napoléon avait finalement restauré son Empire ? Suivre les traces de l'empereur à travers les Alpes, de la Méditerranée à Grenoble, sur cette route qui paraît aujourd'hui si paisible et sauvage, c'est mesurer à quel point les plus grands événements s'inscrivent souvent dans des chemins de traverse inattendus... La Route Napoléon n'offre pas seulement une leçon d'Histoire, elle invite à méditer les leçons de l'Histoire.

⊖ La clue de Taulanne.

Grenoble
Laffrey
Gap
Tallard
Sisteron
Digne-les-Bains
Pénitents des Mées
DIGNE-LES-BAINS
HAUTES-ALPES
05
ALPES-DE-HAUTE-PROVENCE
04
PARC NATIONAL DES ÉCRINS
MASSIF DES ÉCRINS
PARC NATUREL RÉGIONAL DU VERCORS
BARONNIES PROVENÇALES
MONT VENTOUX
MONTAGNE DE LURE
Route Napoléon
Vizille
La Mure
Corps
Die
Chorges
Veynes
Serres
Laragne-Montéglin
Rémuzat
Séderon
Château-Arnoux-St-Auban
Alpe-d'Huez
Les Deux-Alpes
Le Bourg-d'Oisans
Chamrousse
La Grave
Valloire
Montmaur
Superdévoluy
Orcières Merlette
Lac de Serre-Ponçon

Sisteron
Digne-les-Bains
Pénitents des Mées
Clue de Taulanne
Castellane
La Martre
Séranon
Grasse
GOLFE-JUAN
Mougins
Cannes
ALPES-DE-HAUTE-PROVENCE
04
PARC NATIONAL DU MERCANTOUR
ALPES-MARITIMES
06
PARC NATUREL RÉGIONAL DU VERDON
PARC NATUREL RÉGIONAL DES PRÉALPES D'AZUR
VAR
83
Route Napoléon
Barcelonnette
Cime de la Bonette
La Foux-d'Allos
Allos
Colmars
Isola 2000
St-Étienne-de-Tinée
Auron
Valberg
Beuil
Entrevaux
Annot
St-André-les-Alpes
Moustiers-Ste-Marie
Riez
Valensole
Château-Arnoux-St-Auban
Oraison
Aups
Salernes
Draguignan
Fayence
Callas
Comps-s-Artuby
Bargème
Lorgues
Le Muy
Les Arcs
Vidauban
Le Luc
Brignoles
Fréjus
St-Raphaël
Agay
Théoule-s-Mer
Ste-Maxime
La Garde-Freinet
Roquebrune-sur-Argens
St-Aygulf
Les Issambres
Tallard
Seyne
Gorges de Daluis
Corniche Sublime
Lac de Ste-Croix
Massif de l'Esterel
CÔTE D'AZUR

Les Cent-Jours débutent sur une plage de Golfe-Juan.

1er mars 1815, aux alentours de 13h. Napoléon pose le pied sur une plage de Golfe-Juan, près d'Antibes. Voilà dix mois qu'il a quitté la France, contraint à l'abdication et à l'exil sur l'île d'Elbe, au large de l'Italie, par les puissances européennes coalisées. Mais l'empereur veut tenir sa revanche et marcher sur Paris pour reprendre le trône à Louis XVIII. À cette fin, il ne dispose

que d'un millier d'hommes... mais il espère bien rallier tout un pays à sa cause. Coup de génie ou coup de dés? Alors que les troupes royalistes stationnent en Provence, le contingent doit prendre la route des Alpes. Après une première nuit à Cannes, qui n'est alors encore qu'un village de pêcheurs loin des paillettes de l'actuelle Croisette, s'amorce l'ascension des collines de l'arrière-pays...

↑ Le port de Golfe-Juan.

L'armée au parfum

⊕ Grasse : en route vers la montagne.

⊕ Près de Digne, dans le Géoparc de Haute-Provence, berceau des Géoparcs mondiaux de l'UNESCO.

⊕ Double page suivante
À la clue de Taulanne, les Préalpes s'annoncent.

Les premiers kilomètres sont dignes d'une carte postale provençale. Après le joli village perché de Mougins, rendu célèbre bien plus tard par Picasso, la troupe atteint Grasse : environnée de champs de fleurs, la « capitale du parfum » est alors en plein essor. Ses étroites ruelles, tout en vieilles pierres, n'ont guère changé depuis ! Mais la colonne doit continuer son chemin tambour-battant, les Préalpes s'annoncent. Loin de la douceur provençale, elle bivouaque le soir même à 1 000 m d'altitude, à Séranon, dans la neige...

BG-646-SG

Entre le 3 et le 5 mars 1815, Napoléon parcourt la route entre Castellane et Gap. « L'Aigle vole de clocher en clocher. »

Vers les sommets

Les routes d'altitude et le passage des cols sont à l'époque très difficiles, mais ce sont les villes qui peuvent faire peser un risque sur la progression de la troupe. Pourtant, le 3 mars à midi, quand celle-ci atteint la sous-préfecture de Castellane, aux portes des gorges du Verdon, une foule s'amasse et des vivats fusent : « Vive l'empereur ! » Plus les paysages des Alpes du Sud se font âpres, plus l'accueil est chaleureux : à Digne-les-Bains le 4 mars, dans la citadelle de

↑ Digne-les-Bains, ville thermale entre montagnes et champs de lavande.

← Les gorges du Verdon, terrain de jeu pour les sportifs, régal pour les yeux.

L'armée remonte, et les vivats commencent à fuser.

Sisteron et à Gap le 5 mars. Quand la troupe aborde la haute montagne, avec la traversée de la vallée du Champsaur puis de la vallée du Valgaudemar le 6 mars, l'horizon s'élargit… Sommets de plus de 3 000 m, escarpements rocheux, cascades, glaciers et lacs scintillants composent le décor d'une épopée de plus en plus romantique.

⊕ Double page suivante
Les Pénitents des Mées se dressent sur plus de 100 m de hauteur.

⊖ Une rue de Tallard.

⊕ La fontaine de la place Jean-Marcellin à Gap.

Le Vol de l'Aigle

↑↗ Dans les rues de Gap.

→ Sisteron jouit d'une situation extraordinaire, entre la citadelle et la clue de la Durance.

→ PAGE 153
Le pont de Madame, à La Martre, a été jeté sur l'Artuby au XVIIIe siècle sur la voie royale entre Draguignan et Castellane.

Tout bascule définitivement le 7 mars à Laffrey, au dit « pré de la Rencontre », où la troupe impériale se heurte pour la première fois aux forces royales. L'empereur jouant son va-tout prononce ces paroles fameuses : « Soldats, me reconnaissez-vous ? S'il en est un parmi vous qui veuille tuer son empereur, me voici. » Les hommes baissent les armes et se rallient à lui ; les portes de Grenoble s'ouvrent. Et avec elles la route de Paris : ce sera le «Vol de l'Aigle». Pour se maintenir sur son trône, toutefois, Napoléon a une ultime bataille à mener, contre les puissances européennes. La confrontation finale a lieu à Waterloo le 18 juin 1815, amenant à une défaite d'un cheveu de l'armée impériale. Ainsi devait s'achever les Cent-Jours... restés le symbole de la contingence de l'Histoire et des destins individuels.

LES TEMPS FORTS DE LA ROUTE

- À CHAQUE ÉTAPE DE LA ROUTE, CHERCHER L'AIGLE DE NAPOLÉON LÀ OÙ L'EMPEREUR EST PASSÉ.

- S'INCLINER DEVANT LES PÉNITENTS DES MÉES, GÉANTS DE PIERRE FAÇONNÉS PAR L'ÉROSION.

- COMME NAPOLÉON EN SON TEMPS, SE POSER À CASTELLANE, AUX PORTES DES GORGES DU VERDON.

- VIBRER À LA CITADELLE DE SISTERON. C'EST LÀ QUE SE TIENT LE FESTIVAL « NUITS DE LA CITADELLE », L'UN DES PLUS ANCIENS DE FRANCE, FACE À UN MERVEILLEUX POINT DE VUE SUR LA HAUTE PROVENCE.

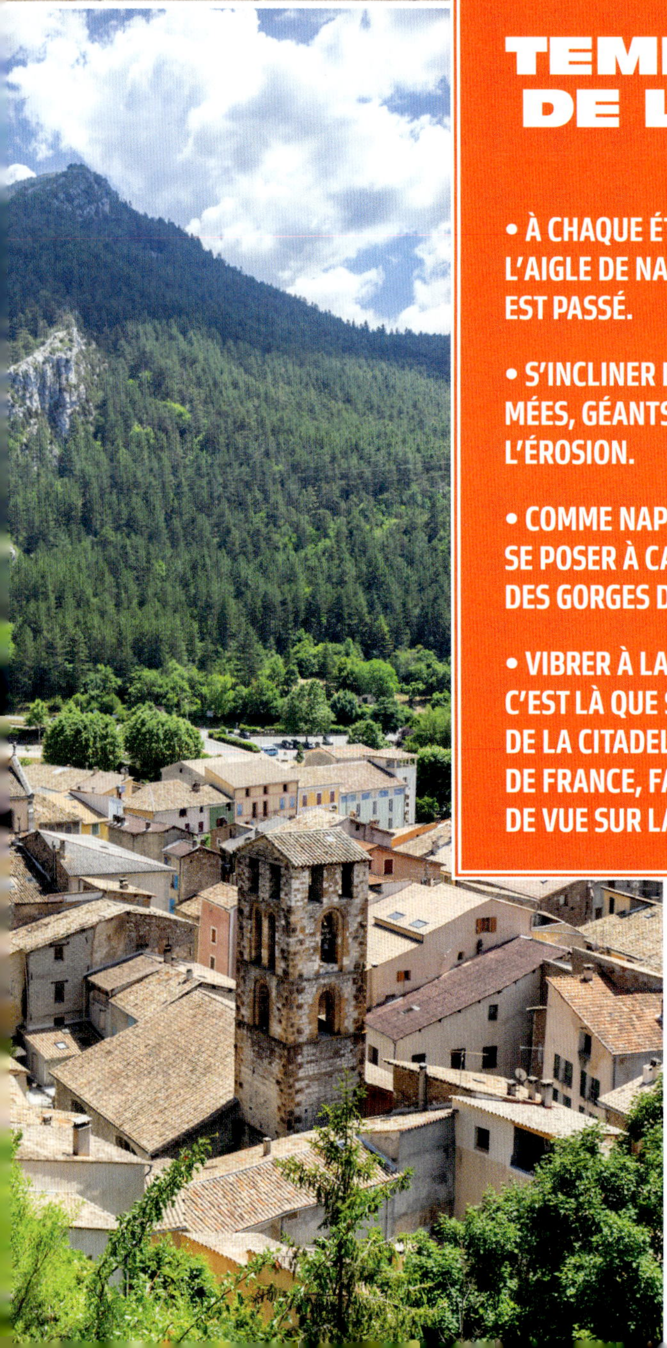

La route Napoléon invite à méditer les leçons de l'Histoire.

09

Retour aux sources

Départ
Chéronnac

Arrivée
Fouras-les-Bains

Distance
322 km

Territoire
Les deux Charentes

LA VALLÉE DE LA CHARENTE

Elle prend sa source dans le Limousin, puis se coule vers l'ouest sur 380 km. Gentiment paresseuse et plutôt discrète en comparaison des grands fleuves français, la Charente constitue pourtant un maillon essentiel de la façade atlantique. Empruntée depuis l'Antiquité, elle a permis à d'augustes cités de prospérer : Angoulême, Cognac ou encore Saintes se sont construites au rythme des gabarres. Tout comme leurs fameux vignobles, avec leur chapelet de nobles châteaux et de villages de caractère. François Ier, né à Cognac, l'avait bien compris : « La Charente est le plus joli ruisseau de mon royaume. »

← Saint-Savinien-sur-Charente, au cœur de la Saintonge dorée.

Fouras-les-Bains
Rochefort
Saint-Savinien
Château de La Roche-Courbon
Saintes
Cognac
Jarnac
CHARENTE-MARITIME
POITEVIN
Niort
Marans
Surgères
St-Jean-d'Angély
Tonnay-Charente
Aulnay
Matha
Saujon
Royan
St-Georges-de-Didonne
Meschers-s-Gironde
Mortagne-s-Gironde
Pons
Jonzac
Barbezieux-St-Hilaire
Archiac
Marennes
La Tremblade
Le Verdon-s-Mer
Soulac-s-Mer
Pointe de Grave
GIRONDE
Côte
Aytré
Châtelaillon-Plage
Port-des-Barques
Le Château-d'Oléron
Fort Louvois
Brouage
Échillais
Frontenay-Rohan-Rohan
Mauzé-le-Mignon
Forêt de Chizé
Zoodyssée
Abb. de Fontdouce
Route submersible
20 km

86
Exoudun
Chenay
Courgé
Vançais
Couhé
Payré
Châtillon
Vaux
Voulon
Anché
Ceaux-en-Couhé
Magné
Champagné-St-Hilaire
Brion
St-Secondin
Bouresse
La Ferrière-Airoux
La Font-d'Usson
Usson-du-Poitou
Queaux
Persac
Moulismes
Chey
Lezay
Messé
Ste-Soline
Romagne
Sommières-du-Clain
Château-Garnier
Vallée des Singes
Champniers
St Romain
Joussé
Moussac
Nérignac
Adriers
L'Isle-Jourdain
Le Vigeant
St-Martin-l'Ars
Payroux
Mauprévoir
La Chapelle-Bâton
Le Cormenier
Blanzay
Chaunay
Brux
Vanzay
Pers
St-Coutant
St-Vincent-la-Châtre
Clussais-la-Pommeraie
Chail
Maisonnay
Les Alleuds
Gournay-Loizé
Mairé-Levescault
La Chapelle-Pouilloux
Champagné-le-Sec
Linazay
Pioussay
Sauzé-Vaussais
Limalonges
Montalembert
St-Saviol
Savigné
St-Pierre-d'Exideuil
Civray
Charroux
St-Gaudent
Genouillé
Asnois
Surin
St-Macoux
Voulême
Lizant
Chef-Boutonne
Ardilleux
Bouin
Lorigné
La Forêt-de-Tessé
Montjean
Londigny
Les Adjots
Hanc
Theil-Rabier
La Magdeleine
Villiers-le-Roux
Bernac
Loubillé
Paizay-Naudouin-Embourie
Villefagnan
La Faye
Raix
Taizé-Aizie
Ruffec
Condac
Barro
Le Bouchage
Moutardon
Chatain
Benest
Épenède
Pleuville
Hiesse
Lessac
Abzac
Pressac
Availles-Limouzine
Mouterre-s-Blourde
Millac
Luchapt
Asnières-s-Blour
St-Barbant
St-Martial-s-Isop
Oradour-Fanais
Gajoubert
Brillac
Confolens
St-Germain-de-Confolens
Esse
Lesterps
Ansac-s-Vienne
Lessac
Alloue
Lasfont
Messeux
Vieux-Ruffec
Bioussac
Nanteuil-en-Vallée
St-Coutant
Champagne-Mouton
Le Vieux-Cérier
St-Laurent-de-Céris
Ambernac
Manot
St-Maurice-des-Lions
Saint-Martin-Boulogne
Saulgond
Brigueuil
Montrollet
St-Christophe
Chabrac
Chirac
Exideuil-s-Vienne
Étagnac
Chabanais
Saillat-s-Vienne
St-Junien
Chaillac-s-Vienne
Chassenon
Rochechouart
Thermes
Pressignac
Verteuil-sur-Charente
Courcôme
Tuzie
Salles-de-V.
Poursac
Longré
Souvigné
Brettes
St-Fraigne
Charmé
Tusson
Juillé
Ebréon
Oradour
Ligné
Villejésus
Luxé
Fontenille
Aigre
St-Georges
Chassiecq
St-Gourson
Turgon
Parzac
Le Grand-Madieu
Chenommet
Aunac
Couture
Lichères
St-Front
Ventouse
Beaulieu-s-Sonnette
St-Claud
Loubert
Roumazières-Loubert
La Péruse
Genouillac
Suris
Lésignac-Durand
St-Quentin-s-Charente
Mouzon
Lac de Lavaud
Chéronnac
Verneuil
Vayres
Massignac
Sauvagnac
Mansle
Mouton
Valence
Cellefrouin
La Tâche
Nieuil
Lussac
Suaux
Mazières
Chasseneuil-s-Bonnieure
Cherves-Châtelars
Vitrac-St-Vincent
Montembœuf
Mazerolles
Le Lindois
Roussines
Verdille
Mons
Marcillac-Lanville
Fouqueure
Villognon
Cellettes
Puyréaux
Ambérac
Vervant
Nanclars
St-Angeau
Ste-Colombe
St-Mary
Charente
Les Pins
Forêt de Chasseneuil
Bonneville
La Chapelle
Tourriers
Genac-Bignac
Coulgens
Aussac-Vadalle
Saint-Amand-de-Boixe
Montignac-Charente
Anais
Jauldes
Agris
Taponnat-Fleurignac
St-Adjutory
La Rochette
St-Cybardeaux
Rouillac
St-Genis-d'Hiersac
St-Amant-de-Nouère
Échallat
Vars
Marsac
Vindelle
Asnières-s-Nouère
Douzat
Angoulême-Cognac
Brie
Champniers
Forêt de la Braconne
Rivières
Marillac-le-Franc
Yvrac-et-Malleyrand
St-Projet-St-Constant
La Rochefoucauld
Rancogne
Orgedeuil
Rouzède
St-Sornin
Vilhonneur
Bunzac
Pranzac
Vouthon
Montbron
Écuras
Maisonnais-s-Tardoire
Les Salles-Lavauguyon
St-Mathieu
Cussac
Champniers-et-Reilhac
Busserolles
Bussière-Badil
Piégut-Pluviers
St-Barthélemy-de-Bussière
Milhaguet
La Chapelle-Montbrandeix
Marval
Parc Naturel
Montbrun
Dournazac
Abbaye de Bassac
Saint-Simon
Hiersac
St-Yrieix
Linars
St-Saturnin
Champmillon
Gond-Pontouvre
Ruelle-s-Touvre
Touvre
Mornac
Soyaux
Angoulême
Nersac
La Couronne
Puymoyen
Dirac
Garat
Le Quéroy
Grottes du Quéroy
Chazelles
St-Germain-de-Montbron
Eymouthiers
Feuillade
Soudat
Étouars
Varaignes
Teyjat
Le Bourdeix
St-Estèphe
Augignac
Abjat-s-Bandiat
Pensol
Châteauneuf-sur-Charente
Roullet-St-Estèphe
Vœuil-et-Giget
Mouthiers-s-Boëme
Claix
Plassac-Rouffiac
Torsac
Bouëx
Vouzan
Sers
Marthon
Souffrignac
Grassac
Javerlhac-et-la-Chapelle-St-Robert
St-Martin-le-Pin
Savignac-de-Nontron
Nontron
La Chapelle-Verlaine
St-Saud-Lacoussière
Birac
Jurignac
Mainfonds
Val des Vignes
Champagne-Vigny
Voulgézac
Fouquebrune
Dignac
Charras
Mainzac
La Mercerie
Magnac-Lavalette-Villars
Rougnac
Gardes-le-Pontaroux
Forêt de la Mothe-Clédou
Hautefaye
Lussas-et-Nontronneau
St-Martial-Valette
Champs-Romain
St-Jory-de-Chalais
Aubeville
Péreuil
Blanzac-Porcheresse
Chadurie
Pérignac
Bécheresse
La Tude
Juillaguet
Ronsenac
Villebois-Lavalette
Édon
Combiers
Beaussac
Rudeau-Ladosse
St-Front-de-Nontron
St-Angel
St-Pardoux-la-Rivière
Milhac-de-Nontron
Périgord
Conzac
Cressac-St-Genis
St-Léger
Aignes-et-Puypéroux
Chavenat
Gurat
Blanzaguet-St-Cybard
Ste-Croix-de-M.
Mareuil
St-Sulpice-de-Mareuil
La Chapelle-Montmoreau
St-Front-la-Rivière
Grottes de Villars
St-Martin-de-Fressengeas
St-Romain
Quinsac
Bessac
Nonac
La Rochebeaucourt-et-Argentine
Champagne-et-Fontaine
St-Félix-de-

On peut sortir du ruisseau et être appelé à un grand destin !

La Charente naît en Haute-Vienne, sur les contreforts du Massif central, dans le village de Chéronnac, près de Rochechouart. Elle émerge d'un simple trou au milieu d'un banal champ. Pourtant, à moins de trois kilomètres de là, au lac de Lavaud, elle pénètre dans le département auquel elle a donné son nom. On peut sortir du ruisseau et être appelé à un grand destin ! C'est à force de méandres, et nourrie d'une myriade de petits affluents, que la Charente a façonné sa vallée. Celle-ci se révèle d'abord calme et verdoyante,

⊙ Tusson, village d'artistes et d'artisans.

⊙ En route vers Saint-Simon.

principalement dédiée à l'élevage. Les petites cités qui l'émaillent paraissent sans histoire, et pourtant elles n'en manquent pas. Charroux, Civray, Lichères et Saint-Amant-de-Boixe, entre autres, conservent des églises et abbayes qui sont autant de chefs-d'œuvre de l'architecture romane. Quelle belle ascendance ! Au passage, il faut aussi admirer Verteuil-sur-Charente, « petite cité de caractère » où Balzac a fait naître son héros, Rastignac, grande figure de l'arrivisme. Histoire de destin, là encore...

Au cœur du val de Charente

↑ Angoulême, capitale internationale de la BD, Ville Créative Unesco.

Quand elle aborde Angoulême, la Charente, plus majestueuse, commence de trahir sa dimension de fleuve. Juchée sur un éperon rocheux et cernée de remparts, la «cité des Valois», tout en calcaire blanc et toits de tuiles roses, ne manque pas de panache. La ville s'est aussi imposée comme la capitale de la bande dessinée : festival, musée et autres fresques urbaines invitent à de passionnantes découvertes. Mais au fil du fleuve apparaissent déjà les vignettes suivantes : Châteauneuf-sur-Charente, nanti lui aussi d'une superbe église romane ; Saint-Simon, authentique village de gabarriers autrefois connu pour ses chantiers navals ; et puis Bassac, dont les charmantes ruelles descendent en pente douce vers un bras du fleuve, bordé là encore d'une remarquable abbaye d'origine romane.

→ Double page suivante
La Charente à Saint-Savinien.

Alors que la Charente s'impose comme un fleuve, à Angoulême les murs parlent.

← L'église romane de Lichères.

↓ La cathédrale Saint-Pierre d'Angoulême et sa façade sculptée.

Au pays du cognac

↑ L'abbaye de Bassac, fondée au XIe siècle.

Le pays du cognac débute à Jarnac, autrement connu pour être la ville de naissance de François Mitterrand. On peut visiter sa maison natale et admirer les belles façades du quai de l'Orangerie. La région a bâti toute sa richesse sur sa célèbre eau-de-vie de vin. Dorénavant, les vignobles escortent la Charente vers l'aval. L'arrivée à Cognac est solennelle : les chais des grandes maisons, dont la production s'exporte aujourd'hui dans le monde entier, s'alignent le long des quais. Une dégustation s'impose !

↑↑← À Cognac, visites et dégustations.

Vers l'Océan

↑ Carrelets à Fouras.

→ À Saintes, l'arrivée au pied de la cathédrale Saint-Pierre.

Quand on aborde la Saintonge, l'Océan approche, et une certaine idée des vacances : l'antique Saintes a tout d'une ville du Sud avec ses allées de platanes, ses façades lumineuses et son patrimoine romain, arènes, arc et autres vestiges italiques ! Un dernier détour par le château de La Roche-Courbon, impressionnant monument gothico-Renaissance cerné de splendides jardins, et on atteint bientôt l'estuaire, dont Rochefort marque l'entrée.

龍
門

La mer approche,
et une certaine
idée des vacances.

La cité fut créée au XVIIe siècle par la volonté de Louis XIV. Les souvenirs de la Marine royale y sont grandioses (arsenaux, corderie, musées, etc.), tout comme l'étonnante maison orientalisante de l'écrivain Pierre Loti, qui est né dans la ville et y a forgé son goût du voyage. Car voilà, tout près la Charente rencontre enfin l'Océan : c'est le grand large et son appel...

← Fouras-les-Bains.

↑ Rochefort marque l'entrée de l'estuaire de la Charente.

→ PAGE 171
Ancien carrelet dans l'estuaire.

LES TEMPS FORTS DE LA ROUTE

- RÉPERTORIER LES FRESQUES MONUMENTALES QUI ANIMENT LES MURS D'ANGOULÊME, REPRÉSENTANT LES HÉROS MYTHIQUES DU 9e ART.
- SE BALADER À VERTEUIL-SUR-CHARENTE ET S'ARRÊTER SUR LE PONT POUR CONTEMPLER L'ANCIEN CHÂTEAU DES LA ROCHEFOUCAULD.
- S'INITIER À LA DÉLICATE FABRICATION DU PLUS INTERNATIONAL DES ALCOOLS FRANÇAIS DANS LES CHAIS DE COGNAC.
- MARCHER ET CHANTER DANS LES PAS DES DEMOISELLES DE ROCHEFORT, SUR LES TRACES DU TOURNAGE DU CÉLÈBRE FILM DE JACQUES DEMY AVEC CATHERINE DENEUVE ET FRANCOISE DORLÉAC.

La Charente rencontre enfin l'Océan :
c'est le grand large et son appel.

10

L'eau et le vin

Départ
Blaye

Arrivée
Bordeaux

Distance
393 km

Territoire
Gironde

LE VIGNOBLE BORDELAIS

Et si le trait distinctif du Bordelais était… l'eau ? De l'estuaire de la Gironde, digne d'une mer intérieure, aux plages du Médoc, magistrales face à l'Atlantique, en passant par l'Entre-deux-Mers, au creux de la Dordogne et de la Garonne, et par le bassin d'Arcachon, iodé et vivifiant, l'élément liquide est partout. Bien sûr, c'est pour un autre fil « rouge » que la région est célébrée : ses vins tanniques et corsés, si légendaires. Ceux-ci tirent précisément parti de cette géographie particulière : coteaux bien exposés, terrains alluvionnaires, humidité ambiante. Les vignobles du Bordelais sont un chef-d'œuvre de la nature, admirablement exploité par les hommes !

← Escapade dans le Médoc.

GIRONDE
BORDEAUX
BLAYE
Blaye
Fort Médoc
Bordeaux
Fronsac
Saint-Émilion
Abbaye de La Sauve-Majeur
Château de La Brède
Cadillac
Sauternes
Château de Roquetaillade
L'Herbe
Cap Ferret
Côte d'Argent
Bassin d'Arcachon
Arcachon
Dune du Pilat
La Teste-de-Buch
Lesparre-Médoc
Pauillac
St-Laurent-Médoc
Lacanau
Lacanau-Océan
Hourtin-Plage
Carcans-Plage
Lac d'Hourtin-Carcans
Lac de Lacanau
Mérignac
Pessac
Talence
Bègles
Villenave-d'Ornon
Gradignan
Cestas
Blanquefort
Lormont
Cenon
Floirac
Libourne
St-Émilion
Langon
St-Macaire
Bazas
Biscarrosse
Parentis-en-Born
Andernos-les-Bains
Arès
Gujan-Mestras
Biganos
Salles
Belin-Béliet
PARC NATUREL RÉGIONAL DES LANDES
Mirambeau
Montendre
Montlieu-la-Garde
St-André-de-Cubzac
Bourg
Margaux
Castelnau-de-Médoc
Lège-Cap-Ferret
10 km

Notre périple débute à Blaye, dont la citadelle Vauban surveille depuis le XVIIe siècle les eaux limoneuses de la Gironde, qui barrent l'horizon. Quel panorama ! En remontant le cours de l'estuaire, puis celui de la Dordogne, les rangs de vigne strient de plus en plus le paysage : les Côtes de Blaye et les Côtes de Bourg sont le fief de deux AOC bien connues. Quand apparaissent, aux abords de Libourne, les localités mythiques de Fronsac et

↑ La porte royale de la citadelle de Blaye.

On quitte la citadelle de Blaye, on remonte l'estuaire et bientôt le doute n'est plus permis : nous sommes au royaume des grands vins.

Pomérol, le doute n'est plus permis : nous sommes bel et bien au royaume des grands vins. Leur star ne se fait pas attendre : voici Saint-Émilion ! Le village viticole par excellence, aux charmantes ruelles médiévales cernées par une mosaïque de parcelles de vignes. Ce paysage, qui témoigne de la dimension socio-culturelle du vin, est inscrit sur la liste du Patrimoine mondial de l'humanité depuis 1999.

Entre deux rives

Notre route se poursuit vers le sud : entre Dordogne et Garonne s'épanouit l'enclave de l'Entre-deux-Mers, renommée pour ses vins blancs secs fruités, qui accompagnent idéalement les huîtres du bassin d'Arcachon. Sachez, à toutes fins utiles, que nous croiserons bientôt ce dernier sur la route… Un arrêt

s'impose à l'abbaye de La Sauve-Majeure (ses moines ont beaucoup contribué au développement du vignoble bordelais) avant de pénétrer sur les terres de l'AOC cadillac-côtes-de-bordeaux, dont les vins rouges charpentés se fortifient le long de la Garonne. Un paysage à la hauteur du château de Cadillac, l'un des premiers exemples du classicisme français (début du XVIIe siècle), à ne pas manquer !

Dans l'enclave de l'Entre-deux-Mers.

↑ L'abbaye de La Sauve-Majeure.

→ Soleil, eau et terroir sont réunis pour une maturation en douceur.

Rive gauche

Une fois franchie la rivière, l'impressionnant château fort de Roquetaillade (1306) nous ouvre les portes des régions des Graves et du Sauternais. Faut-il encore présenter le sauternes, dont le Château d'Yquem a notamment fait la renommée ? Ce vin blanc liquoreux naît d'un microclimat unique, marqué, en bordure de Garonne, par l'alternance de brouillards matinaux et de journées sèches, qui favorise le développement des moisissures (la fameuse « pourriture noble ») et la concentration des sucres. Tout un art...

↑ L'automne au château de Roquetaillade.

← Le château ducal de Cadillac, qui servit de prison pour femmes au XIXe siècle.

Côté côte

⊙ Le village de L'Herbe sur la presqu'île du cap Ferret.

⊙ À Blaye, une échauguette en vigie sur la Gironde.

Un saut au château de La Brède (XIIe-XVe siècles), entouré de douves en eau, pour saluer la mémoire de Montesquieu qui y est né en 1689, et nous virons enfin vers le bassin d'Arcachon… où les huîtres nous attendent. Les cabanons sont nombreux à en proposer à la dégustation au bord de l'eau, par exemple à L'Herbe, l'un des plus jolis villages ostréicoles du bassin.
Au nord du cap Ferret, refuge à la fois très nature et très chic, s'ouvre une ultime étape, le Médoc. Cette langue de terre prise entre l'Atlantique et l'estuaire de

la Gironde ne ressemble à aucune autre. À l'ouest, les plages immenses serties par un océan de pins évoquent les Landes, tandis qu'à l'est se déploie une campagne idyllique, avec ses vignobles taillés au cordeau et ses châteaux mythiques : Saint-Estèphe, Mouton Rothschild, Pauillac, Saint-Julien, Chasse Spleen, Margaux... qui s'alignent tous le long de la D2.
Une voie royale pour rejoindre, tout au sud, Bordeaux, qui n'est pas seulement une capitale viticole, mais aussi un chef-d'œuvre d'urbanisme des XVIIe et XVIIIe siècles. L'excellence du classicisme à la française, là encore !

⊕ DOUBLE PAGE SUIVANTE
Sur les plages du bassin d'Arcachon.

⊕⊕ PAGE 187
La grâce de la porte Cailhau à Bordeaux.

LA FRANCE MÉRIDIONALE

LES TEMPS FORTS DE LA ROUTE

- SUCCOMBER AU CHARME DE SAINT-ÉMILION, CITÉ MÉDIÉVALE, GOULAYANTE INVITATION À L'UN DES PLUS FAMEUX CRUS BORDELAIS.

- JOUER LA VIGIE AU PHARE DU CAP FERRET ET PROFITER, DU HAUT DE SES 57 M, D'UN PANORAMA INOUBLIABLE SUR LE BASSIN D'ARCACHON ET LES VILLAGES OSTRÉICOLES.

- DÉCOUVRIR LA CITÉ DU VIN DE BORDEAUX, UNE BELLE INTRODUCTION À LA DÉCOUVERTE DES VIGNOBLES BORDELAIS.

- SURVEILLER L'ESTUAIRE DE LA GIRONDE DEPUIS FORT MÉDOC, CONÇU PAR VAUBAN POUR PROTÉGER BORDEAUX.

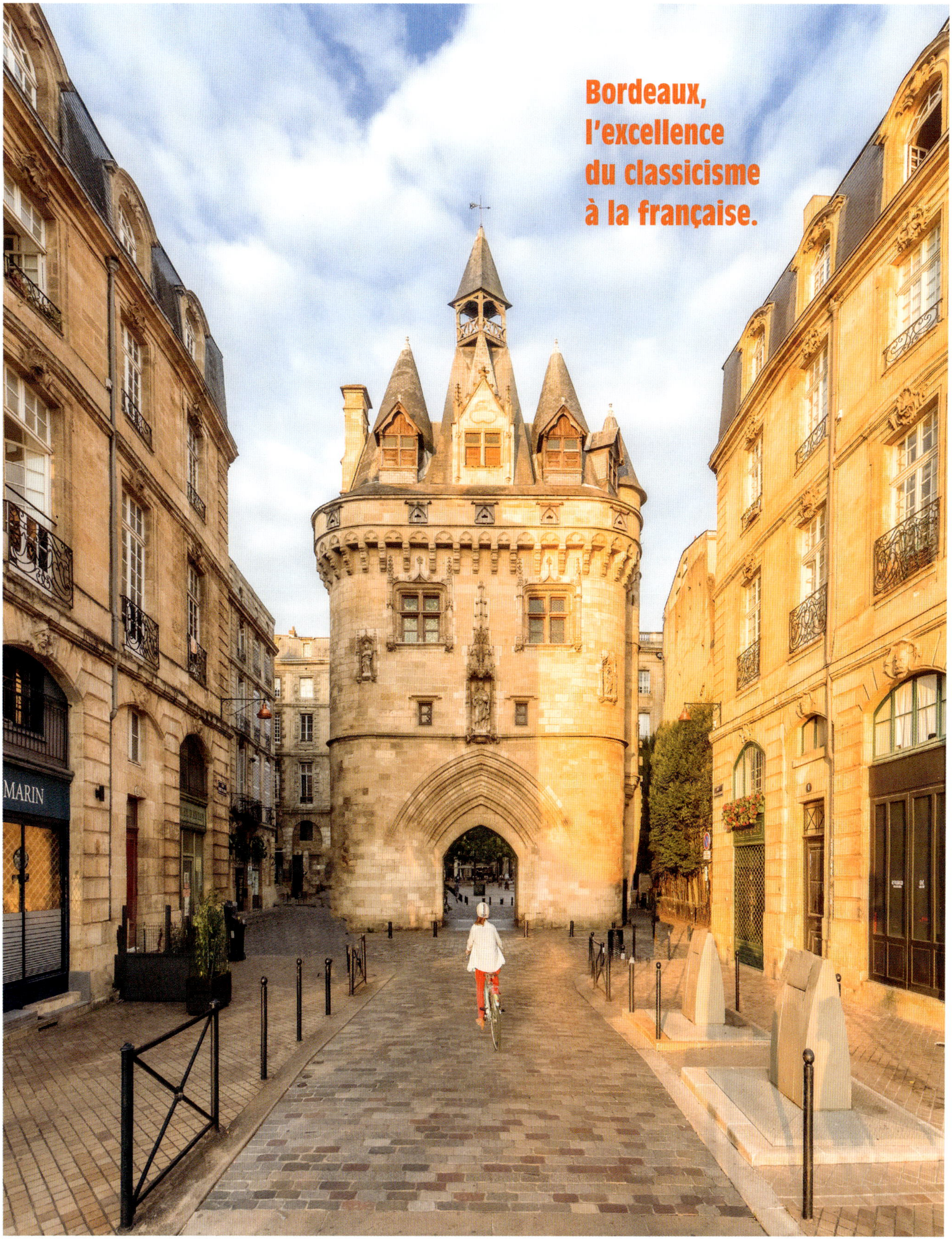
Bordeaux,
l'excellence
du classicisme
à la française.
MARIN

11

Des terroirs en couleurs

Départ
Bergerac

Arrivée
Collonges-la-Rouge

Distance
133 km

Territoire
Périgord et Quercy

LE LONG DE LA DORDOGNE

Du Périgord à la Corrèze en passant par le Quercy, remonter le cours de la Dordogne, c'est traverser un exceptionnel morceau de France, où l'eau claire rime avec les vieilles pierres, les terroirs avec la grande Histoire. À Bergerac qui cultive une faconde digne d'un Cyrano comme à Sarlat dont le célèbre « marché au gras » honore l'oie et le canard, la région séduit aussi bien par sa gastronomie que par sa photogénie. Bienvenue au pays des bastides et des châteaux aux airs de nids d'aigle !

⊖ La chapelle des Pénitents à Beaulieu-sur-Dordogne.

DORDOGNE
PÉRIGUEUX
BERGERAC
Bergerac
Brantôme-en-Périgord
Bourdeilles
Ribérac
Aubeterre-s-Dronne
Montpon-Ménestérol
Mussidan
Neuvic
St-Astier
Coulounieix-Chamiers
Boulazac-Isle-Manoire
Trélissac
Excideuil
Vergt
Le Bugue
Les Eyzies-de-Tayac-Sireuil
Limeuil
Lalinde
Le Buisson-de-Cadouin
Cadouin
Belvès
Monpazier
Biron
Villeréal
Monflanquin
Fumel
Eymet
Duras
Miramont-de-Guyenne
Marmande
Ste-Foy-la-Grande
Port-Ste-Foy-et-Ponchapt
Monbazillac
Issigeac
Beaumont-du-Périgord
Rouffignac
Forêt de la Double
Forêt du Landais
Forêt de Lanmary
Forêt de Barade
Cingle de Trémolat
Château Castelnaud
20 km

Collonges-la-Rouge
Beaulieu-sur-Dordogne
Port de Cagnac
Carennac
Martel
Souillac
Sarlat-la-Canéda
La Roque-Gageac
Gouffre de Padirac
Rocamadour
TULLE
Brive-la-Gaillarde
Égletons
Argentat
St-Céré
Gramat
Gourdon
Figeac
Cajarc
Marcilhac-s-Célé
Assier
Lacapelle-Marival
Ste-Fortunade
Malemort
St-Pantaléon-de-Larche
Terrasson-Lavilledieu
Objat
Allassac
Ayen
Pompadour
Naves
Seilhac
Aubazine
Meyssac
Turenne
Nespouls
Cressensac
Gouffre de la Fage
Vayrac
Bretenoux
St-Privat
Gimel-les-Cascades
Lapleau
Rocamadour
Alvignac
Padirac
Labastide-Murat
Lamothe-Cassel
Pech-Merle
Grotte du Pech-Merle
Cabrerets
Espère
Luzech
Castelfranc
Catus
St-Cirq-Lapopie
St-Géry
Cahors
Gigouzac
Frayssinet
Montfaucon
Salviac
Cazals
Les Arques
Carlux
Montfort
Peyrillac-et-Millac
Payrac
Le Vigan
St-Sozy
Miers
Thégra
Lavergne
Sousceyrac-en-Quercy
Latronquière
Bagnac-s-Célé
Capdenac-Gare
Faycelles
Cardaillac
Livernon
Quissac
Espédaillac
Grotte du Pech-Merle
Causses du Quercy
Parc Naturel Régional des Causses du Quercy
LOT
Causse de Gramat
Cirque de Montal
Jardin des Causses du Lot
Grottes de Cougnac
Jardins d'Eyrignac
Jardins de Marqueyssac

Le Périgord se décline en couleurs : blanc, vert, pourpre, noir. Au sud du département de la Dordogne, Bergerac est la capitale du Périgord pourpre… comme son fameux vin. La cité doit tout au riche vignoble bergeracois, ainsi qu'à la rivière : c'est depuis son vieux port sur la Dordogne qu'elle a convoyé ses crus pendant des siècles, sur d'innombrables gabares chargées de barriques, vers Bordeaux et l'Europe du Nord. De là sa concentration d'hôtels particuliers, élevés par ses anciens négociants, qui font de son centre un véritable décor de théâtre… à la Cyrano.

↑ Dans les ruelles de Sarlat.

← La vallée de la Dordogne à La Roque-Gageac.

⊕ La traversée de La Roque-Gageac.

⊕ Ancienne gare du port de Gagnac, près de Beaulieu-sur-Dordogne.

Plus haut sur la Dordogne, on rejoint le Périgord noir. Lui doit son nom aux sombres forêts de chênes qui constellent son territoire. La rivière se fait ici buissonnière, frayant au travers les falaises au sommet desquelles pointent des châteaux extraordinaires, tels Beynac, Castelnaud et Montfort. Héritées de la guerre de Cent Ans, quand Français et Anglais se disputaient ces terres, ces citadelles perchées offrent le décor médiéval le plus suggestif, vu dans de nombreux films d'époque. Le château des Milandes est aussi une star à sa manière : Joséphine Baker y vécut de nombreuses années parmi sa « tribu arc-en-ciel ».

La route se faufile entre la rivière bordée de maisonnettes, et la falaise rocheuse hérissée de châteaux.

PORT-DE-GAGNAC
391
PORT-DE-CAGNAC

Jardins et bastides médiévales

Quelques cités privilégiées ajoutent leur charme à ces parages grandioses : La Roque-Gageac et ses maisonnettes alignées le long de la rivière – tandis que sur les hauteurs s'étendent les somptueux jardins de Marqueyssac – ; la bastide de Domme, perchée à 150m de hauteur, d'où s'offre une vue magistrale sur le cours d'eau qui serpente entre bois et vergers ; et bien sûr Sarlat, l'une des plus belles cités médiévales de France, élevée dans une pierre dorée hypnotisante.

Sur les hauteurs s'étendent les somptueux jardins de Marqueyssac.

↑ Les topiaires mouvementés dans les jardins de Marqueyssac.

→ À Beaulieu-sur-Dordogne, une pause pour la chine.

← Double page précédente
Le château de Beynac.

On ne roule pas toujours le long de la rivière.

↑ La Forge, près de Souillac.

↖ Cloître de l'abbatiale Saint-Pierre, à Beaulieu-sur-Dordogne.

Au pays des causses

On pénètre ensuite dans le département du Lot, et plus précisément la région du Quercy et ses causses calcaires. Le paysage se fait plus âpre, mais non moins ensorcelant : partout les villages se confondent avec les escarpements rocheux, en particulier Rocamadour, cité mariale dont la vertigineuse beauté s'épand à flanc de falaise. Non loin, le gouffre de Padirac nous plonge à l'inverse dans les tréfonds de la Terre : difficile d'imaginer un décor plus fantastique que celui de ses concrétions calcaires ! Alentour, d'avenantes cités offrent des refuges riants : Souillac, Martel ou encore Carennac, dont les maisons pittoresques, coiffées de tuiles ocres, dessinent un cadre de vie immémorial.

COMPTOIR
DELA NOIX
EXPOSITION

Vers la Corrèze

Enfin, on atteint le département de la Corrèze, autre région traditionnelle qui nous plonge toujours plus au cœur de la France... Avec sa chapelle des Pénitents se mirant dans la rivière, Beaulieu-sur-Dordogne semble avoir échappé au passage du temps. De même Collonges-la-Rouge, cité extraordinairement préservée, qui a été la première classée parmi les « plus beaux villages de France », en 1982. Elle doit son nom à son architecture élevée dans le grès rouge local, qui figure une union séculaire entre l'art et la nature. Ainsi va la Dordogne, qui unit depuis des siècles l'Homme et les éléments...

↑ Dans les rues de Souillac.

← Carennac et le portail de l'église St-Pierre.

→ PAGE 205
Beynac sur les rives de la Dordogne.

LES TEMPS FORTS DE LA ROUTE

- PROFITER DE COLLONGES-LA-ROUGE EN FIN DE JOURNÉE, QUAND L'AFFLUENCE EST MOINDRE, ET QUE LE SOLEIL COUCHANT EMBRASE SES MURS POURPRES.

- FAIRE UN VŒU ET ATTENDRE LE MIRACLE. À ROCAMADOUR, HAUT LIEU DE LA FOI CHRÉTIENNE, LA CLOCHE TINTE POUR LES MARINS SAUVÉS EN MER.

- S'ENFONCER 100 M SOUS TERRE DANS LE GOUFFRE DE PADIRAC, ET OBSERVER LE TRAVAIL PATIENT DE L'EAU QUI A MODELÉ DES PAYSAGES CALCAIRES AUX FORMES INCONCEVABLES PAR L'ESPRIT HUMAIN.

- À SARLAT, PETIT BIJOU MÉDIÉVAL, CHOISIR LA MEILLEURE TERRASSE DE RESTAURANT POUR GOÛTER LES DÉLICES DU PÉRIGORD, PUIS SE PROMENER À TRAVERS LES RUELLES ÉTROITES BORDÉES D'HÔTELS PARTICULIERS.

Quand l'eau claire rime avec vieilles pierres.

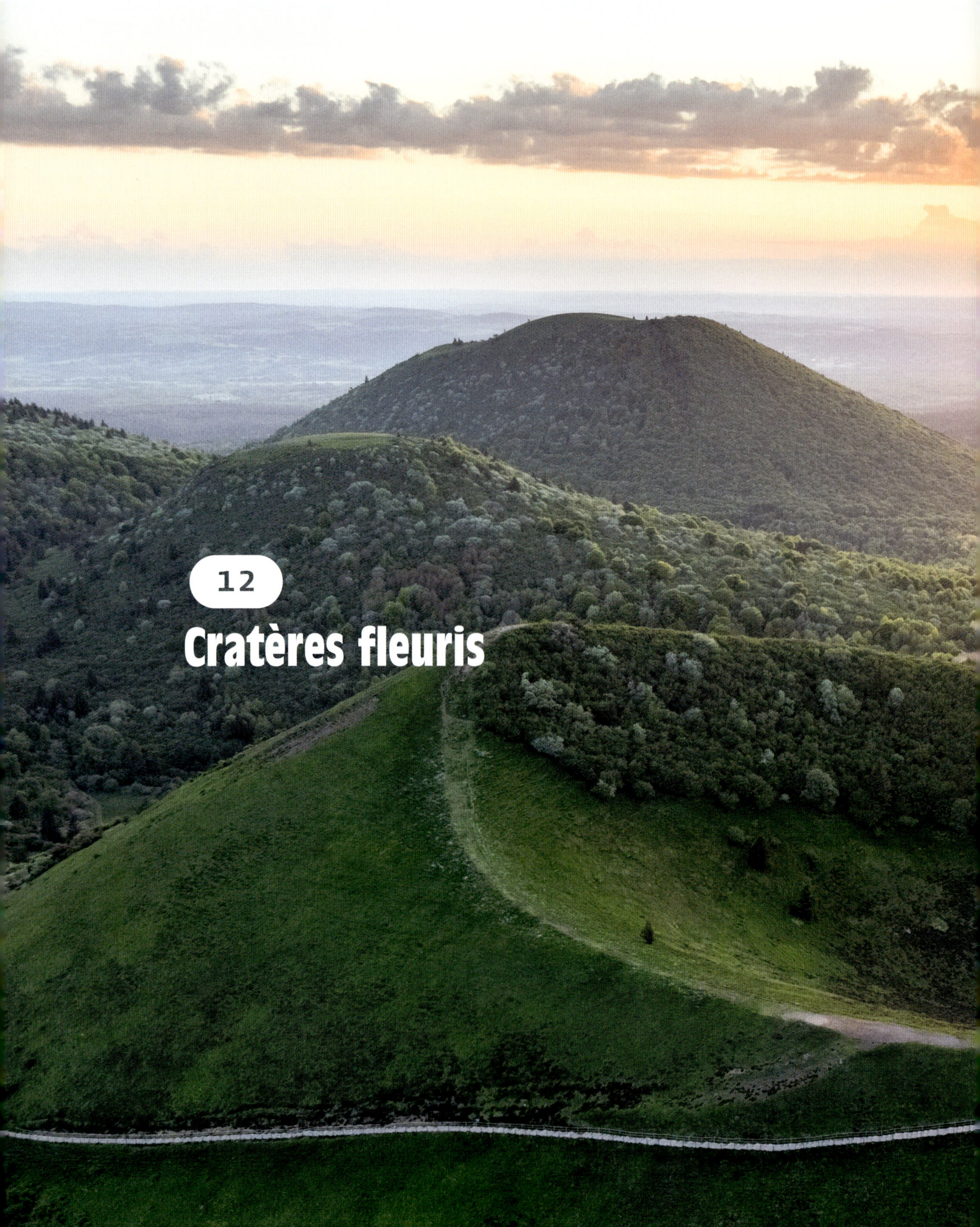

12

Cratères fleuris

Départ
Clermont-Ferrand

Arrivée
Aurillac

Distance
355 km

Territoire
Puy-de-Dôme, Cantal

LA ROUTE DES VOLCANS D'AUVERGNE

À l'échelle des temps géologiques, c'était hier : vers l'an -5000 s'éteignait le dernier des volcans d'Auvergne, alors que ceux-ci modelaient le paysage depuis 22 millions d'années ! Loin du déluge de lave originel, tout s'est pacifié : parés de vert tendre au printemps ou d'ocre rouge à l'automne, les célèbres puys paraissent des plus avenants. Parmi eux s'épanouissent moult villages de caractère, qui préservent quelques chefs-d'œuvre d'architecture romane, tandis qu'alentour se déploient de grasses prairies, d'où naissent notamment des fromages stars, le saint-nectaire, le salers, le cantal... Les cratères auvergnats sont de vraies cornes d'abondance !

Le puy de Pariou.

Puy de Pariou
CLERMONT-FERRAND
Vulcania
Puy de Dôme
Orcival
Saint-Nectaire
La Bourboule
Le Mont-Dore
Lac Pavin
Puy de Sancy
Besse-en-Chandesse
Château de Val
Salers
Murat
Puy Mary
Plomb du Cantal
AURILLAC
0
10 km

Prendre la route des volcans d'Auvergne, c'est remonter, tel un Lilliputien, le temps géologique. De Clermont-Ferrand à Aurillac, on suit les trois chaînes emblématiques de la région : d'abord, au nord, la chaîne des Puys, la plus récente, surgie il y a environ 100 000 ans, puis les monts Dore, âgés de 200 000 à 3,5 millions d'années, et enfin, tout au sud, les monts du Cantal, vieux de 2,8 à 13 millions d'années. C'est donc aux portes de Clermont-Ferrand que le paysage volcanique, plus « jeune »,

Quatre-vingts volcans nous attendent sur 45 km depuis Volvic vers le sud.

Traversée de Salers.

est resté le mieux préservé : le puy de Côme, le puy de Pariou ou encore le puy de la Vache évoquent les cônes parfaits qu'aurait pu dessiner un enfant ! Au total, quatre-vingts volcans s'alignent sur 45 km vers le sud depuis Volvic, célèbre pour sa pierre de lave noire. L'emblématique puy de Dôme occupe le cœur de cette chaîne et en constitue le point culminant. À 1 465 m d'altitude, son sommet réserve un panorama exceptionnel sur la succession des cratères qui évoquent... autant de taupinières ! En contrebas, le grand parc de loisirs scientifiques Vulcania est incontournable pour qui veut comprendre les forces telluriques qui ont forgé un tel spectacle.

La succession des cratères évoque autant de taupinières géantes.

⊕ Le puy de Dôme, point culminant de la chaîne des Puys.

⊕ Les cascades de Chiloza, près de Besse-en-Chandesse.

⊕ Une boutique de coutelier à Besse-en-Chandesse.

Les monts Dore

Ils s'étendent au sud d'Orcival et de Saint-Nectaire, qui offrent en guise de transition une émouvante parenthèse patrimoniale : nichées dans de paisibles vallons, les deux cités, aux faux airs montagnards avec leurs toits de lauze, préservent d'admirables églises, joyaux de l'architecture romane auvergnate. Évidemment, on ne repartira pas de Saint-Nectaire sans faire provision du célèbre fromage éponyme ! De là, la route contourne le puy de Sancy, le cœur des monts Dore. Haut de 1 885 m, celui-ci marque le point culminant du Massif

central et donc du centre de la France. Sa longue crête vertigineuse, ponctuée d'arêtes déchiquetées, affiche un profil presque alpin... et, de là-haut, le regard porte jusqu'aux Alpes ! Sur ses pentes poussent la grande gentiane, l'anémone soufrée et des pelouses subalpines prisées des mouflons et des vaches en transhumance. L'hiver s'y substituent les adeptes de ski alpin, tandis qu'au creux des vallées, les cités thermales du Mont-Dore et de La Bourboule, alimentées en eaux chaudes aux multiples propriétés, offrent une autre manière de profiter des joies du volcanisme.

↑ Orcival et sa basilique romane.

← Saint-Nectaire et son église, romane également.

→ Double page suivante
Le lac Pavin, dans les monts Dore.

Un cercle presque parfait de 800 m de diamètre.

⊙⊙ Dans les rues de Murat.

Les monts du Cantal

C'est ici que l'œuvre du temps est la plus sensible. On estime que le volcan du Cantal atteignait, à son apogée, 3 000 m d'altitude et 60 km de circonférence ! L'érosion a déchiqueté ce géant et créé des paysages grandioses : le puy Mary se hisse telle une pyramide, le Plomb du Cantal (le point culminant, avec ses 1 855 m) évoque un poing fermé, le puy Violent déroule des landes désolées...

Publicité ancienne.

Une pompe à essence d'un autre temps.

Maisons au bord de la Jordanne à Aurillac.

PAGE 221
Le puy de Dôme.

Mais le relief plissé s'apaise au fil des contreforts, où les petites routes bucoliques sinuant au milieu des champs reprennent leurs droits. C'est le royaume d'un autre symbole : la vache salers, aux longues cornes effilées, qui donne le fromage du même nom et fait la célébrité de la cité de Salers, sorte de capitale rurale du Cantal, bâtie dans une pierre de lave rugueuse. L'étape idéale pour déguster les spécialités fromagères locales, l'aligot et la truffade !

À Salers, l'étape fromage s'impose.

LES TEMPS FORTS DE LA ROUTE

- RENDRE HOMMAGE AUX FRÈRES MICHELIN, LES INDUSTRIELS LES PLUS VISIONNAIRES DE LA FIN DU XIXe SIÈCLE, EN CHERCHANT LES BIBENDUM COLLECTIONNÉS UN PEU PARTOUT DANS LA RÉGION.
- REGARDER PAÎTRE LES VACHES SALERS, ET GOÛTER AU FROMAGE FERMIER DU MÊME NOM.
- CÉDER AU CHARME DES STATIONS THERMALES D'AUVERGNE, OÙ PRENDRE LES EAUX EST PRESQUE UN ART DE VIVRE, COMME À LA BOURBOULE.
- SE BAIGNER DANS LES EAUX DE LA RETENUE DE BORT, AU PIED DU CHÂTEAU DE VAL, DANS UN DÉCOR ENCHANTEUR.

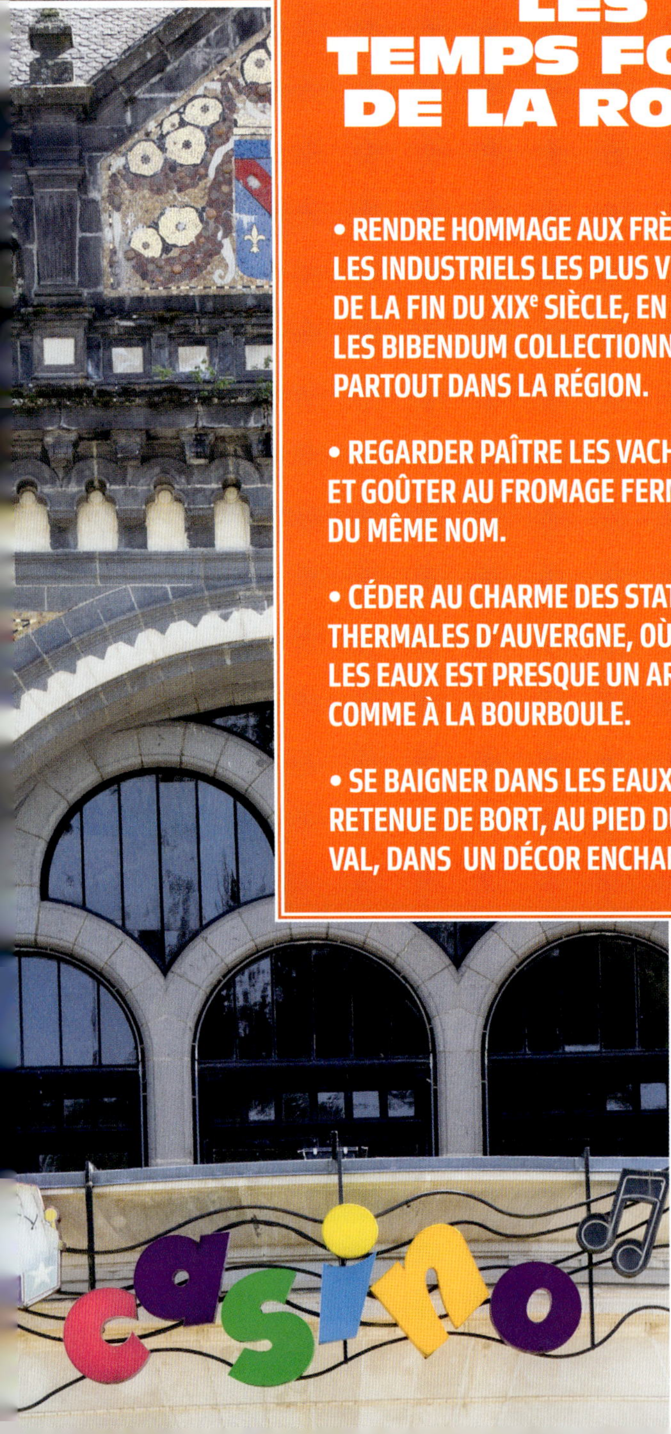

Loin du déluge de lave originel,
tout s'est pacifié.

LA ROUTE DES VOLCANS D'AUVERGNE

INDEX DES LIEUX

LES AUTEURS

Loïc Lagarde

Ingénieur électronique de formation, Loïc s'est progressivement tourné vers la photographie au cours de ses voyages, jusqu'à s'y consacrer à plein temps. Voyant l'importance d'être présent sur les réseaux sociaux pour partager son travail, il a développé depuis les quinze dernières années des communautés qui totalisent plus de 500 000 abonnés cumulés. Passionné de vieilles pierres et de voitures vintage depuis son enfance, il présente aujourd'hui le fruit de ses voyages dans cet ouvrage consacré à la France éternelle.

Laurent Vaultier

Voyageur au long cours et amoureux du patrimoine, Laurent est l'auteur de nombreux ouvrages consacrés à l'art de vivre (gastronomie, architecture, beaux-arts, etc.) et de guides de voyage (de sa Normandie natale à l'Australie, en passant par l'Italie, Cuba ou encore la Californie). Pour lui, la culture est vivante et incarnée : elle se découvre au fil de la route, au gré des paysages et monuments façonnés par l'Histoire, source inépuisable d'inspirations et de découvertes.

Ce livre a été édité par **Delphine Storelli**,
sous la responsabilité éditoriale d'**Hélène Payelle**
et la direction de **Philippe Orain**.

Ont contribué à l'ouvrage **Marion Capera** et **Marie Simonet** (Iconographie),
Véronique Aissani, Virginie Noyalet, Theodor Cepraga
et **Gabriel-Valentin Dragu** (Cartographie),
Hervé Dubois et **Pascal Grougon** (Prépresse),
Dominique Auclair (Pilotage).

La conception graphique a été réalisée par **Benjamin Heuzé/Justeciel**.

Nous remercions chaleureusement **Marie-Claire Demain-Frackowiak**
(Michelin Patrimoine Historique) et **Stéphane Nicolas**, qui, pendant de nombreuses années,
a fait vivre l'histoire passionnante de la Manufacture Française des Pneumatiques Michelin.
Merci également à **Hugo Lemaire**.

Mille mercis enfin à tous ceux qui ont mis à notre disposition leur voiture : Valéry Besse,
Philippe Capoulade, Bernard Colombie, Matt Damper, Frédéric Domelier, Thierry Domelier,
Dominique Laflaquiere, Denis Dufaure, Daniel Dupont, Claude Evard, Patrice Fontenoy,
Thierry Kieffer, Fred Mary, Frédéric Mathiot, Michel Milleret, Romain Paillette, Pierrot Péquin,
Viviane Ravel, Christine Soyez, Michel Tricoche, François Zussy.
Sans eux, cet ouvrage n'aurait pas pu voir le jour.

Si vous souhaitez nous contacter, rendez-vous dans la rubrique contact
de notre site internet : editions.michelin.com

Parution 2025

Crédits photos – **Pages 4 à 9** : © Michelin ; **page 45** : Le Volcan (Le Havre 1982,
par Oscar Niemeyer / © NIEMEYER, OSCAR / Adagp, Paris, 2024 ; Église Saint-Joseph, par
Auguste Perret / © Auguste PERRET, Union pour l'Enfance, Saif, 2024 ; **page 160** : la Fille des
remparts, d'après Max Cabanes. Fresque réalisée en 2004 par les designers peintres muralistes
de CitéCréation ; **page 170** : 1er RIMA ancré dans sa ville. Fresque réalisée en 2020 par les designers
peintres muralistes de CitéCréation ; **page 170** : Les Demoiselles de Rochefort (Rochefort 2022),
par Franck Ayroles / © Adagp, Paris, 2024.

MICHELIN Éditions
Société par actions simplifiée au capital de 487 500 EUR
57 rue Gaston-Tessier – 75019 Paris (France)
R.C.S. Paris 882 639 354

Dépôt légal : 08-2024 – ISSN 0293-9436
Imprimeur : Dimograf, Bielsko-Biala (Pologne)
Imprimé en Pologne : 07-2024

Sur du papier issu de forêts bien gérées